교실 안의 감정들

교실 안의 감정들
– 교사를 위한 감정 살피기·돌보기 연습

초판 1쇄 인쇄일 2021년 2월 1일
초판 1쇄 발행일 2021년 2월 8일

지은이 남이형
펴낸이 양옥매
디자인 임흥순
교 정 허우주

펴낸곳 도서출판 책과나무
출판등록 제2012-000376
주소 서울특별시 마포구 방울내로 79 이노빌딩 302호
대표전화 02.372.1537 **팩스** 02.372.1538
이메일 booknamu2007@naver.com
홈페이지 www.booknamu.com
ISBN 979-11-5776-993-3(03190)

교실 안의 감정들

남이형 지음

책과나무

학교에서 사람들은 어떤 감정을 보여주고 있을까? 학교에서
는 감정을 중점적으로 연구하거나 들여다보는 것 자체가 매우
어색하고 위험하기조차 하다고 느껴진다. 아이들이나 동료 선
생님, 또는 학부모 그 누구에게라도 감정을 물어보는 질문은
쉽게 나오지 않는다. 아마도 그 이유는 감정이 개인적인 영역
이며 그걸 표현하면 마치 결함이 있는 사람처럼 여겨지기 때문
일 것이다. '기분이 좋으세요?', '짜증 나세요?', '화가 나 보이
는데요.' 이런 말을 잘 들어보지 못했을뿐더러 이런 말을 하면
자기 기분을 삽시간에 감추거나 부인하는 경우를 많이 봤다.

감정을 감추는 것은 익숙한데 드러내는 건 불편하다. 감정을
표현하는 말은 그냥 듣기만 해도 불편하거나 심지어 기분이 나

빠지는 경우도 많다. 예를 들어, '네가 나한테 뭔가 잘못이 있다는 식으로 말해서 서운하다.'는 말을 들었을 때 그 말을 단순히 감정을 표현하는 것으로 받아들이기보다는 비난으로 받아들이는 경우가 훨씬 많다. 그래서 서운하다는 감정이 쉽게 갈등으로 옮겨가고 관계의 단절로 이어지는 경우도 꽤 있다. 서운하다는 감정만이 아니다. 짜증 난다, 실망했다, 당황스럽다 등도 마찬가지다.

그러나 잘 생각해보면 불편하게만 볼 일은 아니다. 자극과 반응의 연결로 보면, 감정은 상대의 말과 행동에 대한 반응으로 생긴 것이 된다. 감정은 매우 자연스러운 반응으로 우리가 의식적으로 선택하는 것이 아니다. 물론 자극에 대한 반응으로 특정한 생각을 하게 되면 그것이 특정한 감정을 일으킬 수 있다. 나를 골탕 먹일 의도가 있다고 생각하면 상대방의 말과 행동이라는 자극은 분노라는 반응을 불러일으킨다. 하지만 생각이 감정을 촉발하는 경우가 아니라면, 상대방에게 마음을 열고 감정을 듣다 보면 그것이 비난이 아니라 상대방을 이해하는 열쇠가 되기도 한다. 감정은 누구나 다 겪는 보편적인 언어이기에 서로에게 연결이 잘 된다.

그럼에도 감정의 보편성을 운운하기에는 너무나 많은 부분에서 우리의 문화가 걸림돌이 된다. 우리는 쉽게 감정으로 인해 불편해하고 그걸로 상대방을 비난한다. 마치 '네가 잘못했으니까 내가 이런 거야.'라고 주장하는 것 같다.

이러한 문화는 학교에서도 여실히 드러난다. 여기서 굳이 학교를 중심에 두는 이유는 교육의 산실이어야 할 학교가 오히려 교육이 아닌 것을 자행하고 그것에 대한 비판과 반성의 목소리가 나오지 못하게 막고 있기 때문이다. 그것은 특정한 누군가가 하는 일이 아니다. 오랫동안 굳어져 내려온 관습이다. 특히 감정은 잘 교육해야만 하는 것임에도 오랫동안 마치 어둠 속에 존재하는 것처럼 인식되어 있다. 감정을 드러내는 것을 어둠의 힘을 불러내어 갈등과 싸움을 부추기는 것으로 인식하며 두려워하고 있다.

전인 교육이 완성되려면 감정을 잘 다루어야 한다. 이성이나 지식을 중시하던 무게중심만큼 감정을 중시해야 한다. 지금 시대는 냉철한 이성과 과학적인 합리성보다는 불확실하고 모호하며 변화의 속도가 엄청나게 빠른 시대이기에 우리의 감정은 놀라고 당황해 있으며 좌절과 분노에 차 있다. 그래서 그 어느 때보다 감정에 더 많은 교육이 필요한 시기이다.

무언가를 새롭게 할 때 가장 먼저 해야 할 일은 정확히 진단하는 일이다. 진단은 사태를 일종의 문제로 바라보는 관점이다. 아무런 문제가 없는데 굳이 진단할 필요는 없기 때문이다. 따라서 진단에는 문제를 파헤치는 비판적 사고가 요구되며 자세히 들여다보는 용기와 인내가 필요하다.

이 책에서 학교에 종사하는 교사로서 현장에서 보고 느낀 경험을 풀어 쓰고자 한다. 학교의 감정은 어떻게 구성되어 있는지 학교 교육의 감정 생태계를 살펴보고자 한다. 과연 학교에서는 얼마나 감정을 잘 다루고 있는지, 학교 구성원이 느끼는 감정들은 무엇인지에 대해서 살펴보고자 한다.

2021년 2월

남이형

목차

Part **01**

감정 살피기

감정을 읽어주고 표현하도록 도와줘야 한다

✦

욱하는 사람들의 특징은 갑작스러운 감정의 폭발을 주체하지 못한다는 것이다. 이런 사람들은 평소 자신의 감정에 충실하지 않다. 그러니까 감정을 잘 살피지 않는다는 뜻이다. 마음에 들지 않는 타인의 행동이나 말에 대해 좀 참고 있다가 그것이 경험적으로 설정된 선을 넘으면 폭발한다. 그것은 상황마다 개인마다 다르다. 참는 데도 한계가 있다는 말은 철저히 개인적이다. 한두 번밖에 못 참는 사람이 있고 열 번이고 스무 번이고 참을 수 있는 사람이 있다. 이러한 인내력의 차이는 무엇을 의미할까?

일단은 어릴 적 경험한 부모의 양육 태도가 가장 큰 영향을 미치는 것 같다. 쉽게 욱하는 사람들은 어릴 적에 쉽게 혼났고, 부모의 감정에 따라 혼났고, 도무지 왜 혼나는지 잘 모르고 혼났다. 그리고 혼난 다음에 감싸주지 않고 내버려 둔 경우가 많았다. 그래서 자신의 존재 자체에 대한 수치심을 가졌다. 쉽게 말해 '나는 나이기 때문에 미움받고 혼나는 거야.'라는 무의식적 수치심을 갖는다. 수치심은 자기 사랑의 부재이며, 자신을 사랑할 수 없음은 자신의 감정을 살피는 능력이 부족함을 뜻한다. 감정을 인지하는 능력은 누구나 갖고 있지만 외부의 도움이 없이는 온전히 발현되기 어렵다. 누군가 감정을 읽어주고 표현하도록 도와줘야 한다. 그런 경험이 없다면 감정은 쉽게 폭발한다.

잘 참는 사람들의 가장 큰 특징은 사랑을 충분히 받은 사람들이다. 이들은 안정된 환경에서 자란 덕에 감정적 자극들을 잘 흡수해서 안에서 요동치는 충격들이 쉽게 발현되지 않는다. 두 번째 특징은 자신의 감정을 잘 이해한다. 이들은 감정의 실체를 파악하고 거기에 충분히 머무를 줄 알고 감정에 의해 쉽게 요동치지 않는다. 물론 이들에게도 감정을 다루는 것이 식은 죽 먹기처럼 쉬운 일은 아니다. 다만 때때로 감정의 소용돌이가 휘몰아쳐도 그것이 자신의 삶을 마음대로 흩뜨리게 내버려 두지 않을 뿐이다. 감정을 이해하고 다루는 능력이 감정의 폭발 에너지보다 더 크기 때문이다. 감정을 잘 다루는 사람들의 세 번째 특징은 공감 능력이 뛰어나다는 점이다. 감정을 잘 다룬다는 것이 자신의 필요에 따라 누군가를 통제해서 이용하는 데 능하다는 의미는 아니다. 감정은 통제의 대상이라기보다는 이해하고 머물러주며 함께해야 한다. 따라서 감정을 이용한다는 말은 좋은 의미는 아니다. 이런 점에서 공감은 먼저 자신의 감정을 잘 이해하고 머물러 준 사람만이 할 수 있는 능력이다.

상대방이 어떤 감정이 있는지 파악하고 그런 감정과 함께 춤을 추는 것이 공감이기 때문이다. 춤이란 것은 스텝을 잘 맞추면 되는 보조적인 역할만이 아니라 때로는 나서서 리드할 때도 있다는 점을 생각할 때, 공감은 상대의 감정을 이해하기만 할 뿐만 아니라 때로는 감정에 긍정적인 변화를 일으킬 수도 있어야 한다는 의미다. 그러기 위해선 표면적인 감정에만 초점을 맞출 것이 아니라 그 이면에 있는 사고와 원초적인 감정도 함께 드러낼 수 있어야 한다.

하지만 감정은 그리 단순하지 않다. 감정은 복잡하고 어렵다. 감정은 대부분 여러 개가 겹쳐 있고 더 깊숙이 들어가면 어릴 적 가졌던 경험과 결부된 신념이 특정한 감정과 연결되어 패턴처럼 형성되어 있음도 알 수 있다. 그 패턴은 평생 반복되어 나타나며 삶의 질을 결정하는 거대한 에너지가 되어 있을 경우가 많다. 그래서 우리는 감정을 잘 들여다봐야 한다.

하지만 어떻게 들여다보는가? 감정이 눈에 보이는 것도 아니고 냄새나 소리가 나는 것도 아니다. 단지 겉으로 드러나는 말이나 행동을 보고 추측할 수 있을 뿐이다. 슬프다, 기쁘다, 짜증 난다, 실망스럽다, 당황했다, 놀랐다, 기대가 된다, 부끄럽다, 질투 난다 등은 우리가 감정을 표현할 때 사용하는 단어들인데 우리는 이런 단어들을 자기에 대해서보다 타인에 대해서 더 자주 쓴다. 아마도 그 이유는 아마도 자신이 느끼는 감정에 대한 감각보다 겉으로 드러난 말과 행동에서 추측하고 판단하는 것이 훨씬 발달해 있기 때문으로 보인다. 다른 말로 하면 자기표현은 억압되어 왔고 타인 판단은 편견과 비난의 도구로 쉽게 사용되어 왔다. 그런 탓에 감정은 매우 어려운 주제가 되어 있는 것이다.

하지만 감정은 누군가의 발명품이 아니라 누구나 갖고 있는 보편적이며 자연스러운 천성이다. 또한 감정은 연결과 공유의 접점이 가장 크기 때문에 감정을 제대로 안다는 것은 자연의 언어를 알 수 있는 것이며 세상과 연결되어 자신의 전체성을 회복한다는 뜻도 된다.

감정에 이름 붙이기

감정은 몸과 마음이 인식할 수 있는 일종의 에너지이다. 슬프거나 화가 나면 몸이 떨린다. 몸의 기관들이 이런 감정에 반응한다. 슬플 때는 눈물, 콧물이 나오고 목이 막히며 심하면 몸 전체가 떨리고 몸이 감정의 에너지를 감당하지 못해 의식을 잃을 수도 있다.

물론 이 경우는 슬픔과 함께 놀람, 당황이 몸을 세게 쳐서 패닉이 되는 것이다. 분노는 어떠한가? 혈압이 오르고 머리가 마비되면서 부정적 에너지가 증폭되고, 던지거나 때리고 싶은 충동이 들면서 상대를 누르고 싶은 공격성이 표출된다. 심하게는 자신도 모르게 주변 사물을 부수고 상대를 때리는 등 마치 또 다른 인격이 존재하는 것처럼 사납게 변하기도 한다.

몸에서 특정한 행동이 나오지 않는 감정도 있다. 예를 들어, 실망은 표현이 잘되지 않을 때가 많다. 그렇지만 전혀 알아차릴 수 없는 것은 아니다. 민감한 사람은 얼굴 표정이나 작은 동작에서 감정을 읽어낸다.

이렇게 감정은 상대방이든 자신이든 알아차릴 수 있는 몸의 변화들이 있다. 그러나 그런 몸의 변화를 인식하지 못할 경우 감정도 역시 인식하지 못하고 억압하려고만 한다. 그런 상황이 되면 감정은 더 큰 에너지를 얻게 된다. 이것은 마치 끓는 솥뚜껑을 묶어두는 것과 같다. 수증기가 차오르면서 위로 올라가려는 압력은 점점 더 강해지고 급기야는 뚜껑을 날려버린다. 감정이 폭발할 때는 마치 딴 사람이 된 것처럼 행동한다. 주변 사람들을 놀라게 하고 시간이 흐른 뒤에는 후회가 밀려든다.

하지만 감정을 이해해주고 읽어주면 풍선에서 바람 빠지듯이 에너지가 줄어든다. 감정의 폭발적인 에너지로 인해 삶이 괴로웠다면 감정을 읽어주는 것이 하나의 해결책이 된다. 물론 분노의 순간에는 그런 것도 효과가 없을 때도 있다. 그 이유는 분노가 자주 생기는 사람에게는 하나의 습관이 되었고 여기에는 사고와 감정이 강한 체인으로 묶여 있어서 단순히 감정 읽기만으로는 부족하기 때문이다. 그래서 분노가 치밀어 오를 때는 잠시 자리를 피하고 심호흡을 하며 가빠진 호흡을 가라앉히는 것이 더 중요하다. 어느 정도 가라앉은 후에는 감정을 읽어줄 수 있기 때문이다.

감정을 읽어준다는 말은 무슨 뜻일까? 사실 감정은 몸에서 나오는 에너지인데 쾌감 혹은 불쾌감에서 파생되는 것이라 할 수 있다. 보고 듣는 환경으로부터 우리는 다양하게 반응하는데 감정은 그런 반응 중에 가장 일차적이라 할 수 있다. 무서운 것을 보면 공포와 두려움이 생기고, 불의한 일을 보거나 공정하지 못한 일을 당하면 분노가 생기고, 뭔가를 상실하면 슬픔이 나타나고, 원하던 것이 이루어지면 기쁨과 만족이, 사랑을 느끼면 행복이 생긴다.

이런 몸의 반응인 감정의 에너지를 알아차리는 것이 감정을 읽는 첫 번째 단계이다. 기쁘고 만족스러우면 자신도 모르게 미소나 웃음이 나오고 생기가 도는 반응을 알아차리는 것이다. 그리고 두 번째 단계는 거기에 이름을 붙인다. 행복하다. 기쁘다. 만족스럽다. 유쾌하다. 재미있다. 좋다. 감정에 이름을 붙일 때는 우리가 갖고 있는 언어의 다양성을 활용하여 여러 가지로 이름을 붙이고 불러주는 것이 좋다. 다음은 비폭력대화센터에서 발췌한 느낌말 목록이다.

욕구가 충족되었을 때의 감정

감동받은 뭉클한, 감격스러운, 벅찬, 환희에 찬, 황홀한, 충만한

고마운 감사한

즐거운 유쾌한, 통쾌한, 흔쾌한, 기쁜, 행복한, 반가운

따뜻한 감미로운, 포근한, 푸근한, 사랑하는, 정을 느끼는, 친근한, 훈훈한, 정겨운

뿌듯한 산뜻한, 만족스러운, 상쾌한, 흡족한, 개운한, 후련한, 든든한, 흐뭇한, 홀가분한

편안한 느긋한, 담담한, 친밀한, 친근한, 긴장이 풀리는, 안심이 되는, 차분한, 가벼운

평화로운 누그러지는, 고요한, 여유로운, 진정되는, 잠잠해진, 평온한

흥미로운 매혹된, 재미있는, 끌리는

활기찬 짜릿한, 신나는, 용기 나는, 기력이 넘치는, 기운이 나는, 당당한, 살아있는, 생기가 도는, 원기가 왕성한, 자신감 있는, 힘이 솟는

흥분된 두근거리는, 기대에 부푼, 들뜬, 희망에 찬

욕구가 충족되지 않았을 때의 감정

걱정되는 까마득한, 암담한, 염려되는, 근심하는, 신경 쓰이는, 뒤숭숭한

무서운 섬뜩한, 오싹한, 주눅 든, 겁나는, 두려운, 간담이 서늘해지는, 진땀나는

불안한 조바심 나는, 긴장한, 떨리는, 안절부절못한, 조마조마한, 초조한

불편한 거북한, 겸연쩍은, 곤혹스러운, 떨떠름한, 언짢은, 괴로운, 난처한, 멋쩍은, 쑥스러운, 답답한, 갑갑한, 서먹한, 숨 막히는, 어색한, 찜찜한

슬픈 가슴이 찢어지는, 구슬픈, 그리운, 눈물겨운, 목이 메는, 서글픈, 서러운, 쓰라린, 애끓는, 울적한, 참담한, 처참한, 안타까운, 한스러운, 마음이 아픈, 비참한, 처연한

서운한	김빠진, 애석한, 냉담한, 섭섭한, 야속한, 낙담한
외로운	고독한, 공허한, 적적한, 허전한, 허탈한, 막막한, 쓸쓸한, 허한
우울한	무력한, 무기력한, 침울한, 꿀꿀한
피곤한	고단한, 노곤한, 따분한, 맥 빠진, 맥 풀린, 지긋지긋한, 귀찮은, 무감각한, 지겨운, 지루한, 지친, 절망스러운, 좌절한, 힘든, 무료한, 성가신, 심심한
혐오스러운	밥맛 떨어지는, 질린, 정떨어지는
혼란스러운	멍한, 창피한, 놀란, 민망한, 당혹스러운, 무안한, 부끄러운
화가 나는	끓어오르는, 속상한, 약 오르는, 분한, 울화가 치미는, 핏대서는, 격노한, 분개한, 억울한, 치밀어 오르는

비폭력대화란 다음과 같은 개념들을 전제로 한다. 비폭력대화는 누구나 보편적인 욕구를 갖고 있다고 가정한다. 그리고 욕구가 충족되면 긍정적인 감정을 느끼는 반면, 충족되지 않으면 부정적 감정을 느낀다. 그래서 우리가 대화를 할 때 겉으로 드러나는 감정에 대해 느낌의 단어를 사용하여 자신과 상대의 감정을 알아차리고 읽어주고 욕구가 충족되었는지 여부에 따라 연민의 대화를 할 수 있다는 것이다. 비폭력대화의 창시자인 마샬 로젠버그는 상대방의 느낌과 욕구를 알아차리고 읽어주기만 해도 폭력적인 에너지를 비폭력으로 바꿀 수 있다고 주장했다. 자세한 내용은 로젠버그의 『비폭력대화』를 참고하기 바란다.

개인적으로 비폭력대화를 처음 접하고 이렇게 많은 감정의 언어들이 있다는 사실에 놀랐다. 하지만 이런 단어들을 처음 접하는 것은 분명 아니었다. 그런데 나는 왜 내 감정을 표현하는 데 고작 몇 개밖에 사용하지 않은 것일까? 이유는 간단하다. 감정을 표현하지 않은 것이다. 나는 몸의 반응에 예민한 편이기 때문에 몸의 반응을 알아차리면서 감정이 생긴다는 것은 알고 있었지만 그것을 뭐라고 불러야 할지 난감했다. 이름을 붙이지 못하니 표현할 수가 없고 표현을 못 하니 그것은 에너지 덩어리로 혼란스럽게 남아 있었던 것이다.

이름을 붙이는 것은 그것을 인식하고 규정하는 것이다. 그것이 무엇인지 모르면 조절할 수 없지만 이름을 붙이면 알게 되고 더 쉽게 다룰 수 있다. 우울증을 뇌 과학으로 풀어낸 앨릭스 코브는 감정을 언어로 옮길 때 우울이라는 감정을 느끼는 편도체의 반응이 감소한다는 연구 결과를 인용하면서 감정 인식만으로도 감정을 해소하는 데 상당한 도움이 된다고 지적했다.[1]

이름을 붙이면 좋은 점이 있는데 그것은 자신의 감정뿐 아니라 타인의 감정도 알게 된다는 것이다. 명사는 서로 간편하게 소통하기 위해 붙여진 이름이라는 점이 감정에도 똑같이 적용된다. 예를 들어, 표정이 일그러지고 불만의 소리가 나오면서

---

1 앨릭스 코브(2018), 『우울할 땐 뇌 과학』, 정지인 역, 심심, p. 76.

한숨을 쉬거나 물건을 함부로 다룰 때 우리는 '짜증'이라는 단어를 떠올린다. 그러면 "짜증이 나? 무슨 일이 있어?"라고 대화를 시도한다. 만약 그런 상황에서 "뭐가 불안해? 무서운 걸 봤어?"라고 한다면 소통이 되지 않음에 대한 답답함으로 짜증이 더 날 것이다.

물론 언어로 모든 것을 표현할 수는 없고, 표현한다고 해도 때로는 잘못 표현하거나 충분히 이해가 되지 않아 대화가 잘 안 될 때도 있다. 그렇지만 감정을 느낌의 단어로 표현하다 보면 자신이나 타인의 감정이 뭔지 몰라 헤매는 일이 없을 것이다. 처음에는 어려울 수 있다. 하지만 자주 이름 붙이는 연습을 하다 보면 자신의 감정을 잘 이해할 수 있고 결국 자신을 더욱 잘 이해하는 지름길이 된다.

다음의 대화는 감정에 이름 붙이는 것의 유익함을 보여줄 것이다.

학생 둘이 싸웠다. 그래서 그중 한 명을 교무실로 불렀다.

교사: 여기 좀 앉아봐. 무슨 일이야?

학생: 아니, ○○가 먼저 시비 걸었어요. 패드립(부모 비하 발언)도 하고. 그래서 저도 욕을 좀 했던 거예요.

교사: 그래서 네가 화가 많이 나 있구나.

학생: 맞아요. 진짜 화가 났어요.

교사: 그래, 충분히 이해해. 화가 날 만도 하지. 그래서 너도 욕한 거고?

학생: 네. 그래도 저는 패드립은 안했어요.

교사: 그래, 너는 패드립이 더 나쁘다고 생각하는구나?

학생: 네. 맞아요. 그게 더 심한 거죠. 하지만 욕을 한 것도 그리 좋지는 않네요.

교사: 지금은 화보다는 약간 후회하는 것 같은데?

학생: 네, 맞아요. 약간 후회스러워요.

교사: 뭐가 후회스러워?

학생: 욕한 거요. 끝까지 참아야 했는데.

교사: 그럼 너는 그 순간에 뭘 했으면 좋겠다고 생각하니?

학생: 그 친구에게 기분 나쁘니 하지 말라고 이야기부터 해주고 싶어요.

교사: 정색하고 말이지? 그 친구가 평소에 장난을 좀 치는 친구니까 말이야.

학생: 네, 장난이겠거니 해서 몇 번 받아줬는데, 오늘은 기분이 안좋은 데다 그 말까지 들으니 더 참기 어려웠거든요.

교사: 그래, 그런 순간은 참기 어렵지. 정색하고 말하면 좀 나아질까?

학생: 글쎄요, 하지만 해본 적은 없으니 좀 달라질 수 있을 거 같아요.

교사: 그럼 지금 이 상황에서 앞으로 어떻게 하면 좋을까?

학생: 그 친구에게 가서 내가 욕한 거 사과하고 패드립한 것은 사과를 받아내고 싶어요.

교사: 좋은 생각이다. 그럼 가서 이야기해보고 잘 안 되면 다시 와서 이야기해줘. 알겠지? 잘 되길 바란다.

학생: 네, 한번 해볼게요. 상담해주셔서 감사합니다.

위의 대화에서 학생은 패드립을 들었다는 것에 대한 분노와 함께 자신이 욕을 했다는 사실에 일종의 죄책감을 가진 상태에서 자신의 감정을 언어화하니 속에 있는 감정들이 바로 나와서 문제 해결이 쉬웠다. 감정의 에너지를 느낌의 단어로 규정하니 공감이 형성되었고 감정은 점차 누그러졌으며 해결방안도 스스로 생각할 수 있었다.

물론 이런 상황만 있는 것은 아니다. 쉽게 대화가 풀리지 않는 경우도 많고 감정을 읽었지만 거기에서 잘 벗어나지 못하는 경우도 많다. 하지만 기억해야 할 점은 감정을 언어로 읽어주면 적어도 실체도 모르는 감정에 휘말리지 않고 숨겨진 여러 가지 감정들도 조금씩 실체를 드러낼 수 있다는 것이다. 대부분은 화가 났어도 그것을 의식하지 못하는 상태이기 때문에 '화가 났구나.'라고 말해주기만 해도 화는 훨씬 누그러질 수 있다.

이것은 자신에게도 그대로 적용된다. 교사는 직업상 화를 내는 경우가 많다. 수업 중에 너무 소란스러워져서 조용히 하라고 소리를 질러야 되는 경우, 수업 시작부터 자리에 앉지 않고 끼리끼리 모여서 이야기하고 있어서 큰 소리를 내서 교사의 존재를 알려야 하는 경우, 과제를 주고 지시를 했는데 계속 하지 않고 있어서 하라고 몇 번씩 말해도 무시하는 경우 등등. 일단 화가 나지만 그 순간에는 화를 인식하지 못한다. 시간이 좀 흐른 뒤에야 화를 냈고 그것이 과했다는 걸 인식할 때가 많다.

수업하다가 생긴 개인적인 일화를 소개하고 싶다. 학습지를 풀게 한 후에 내용을 정리하면서 설명하고 있었다. 하지만 분위기가 소란스럽고 대다수의 학생이 설명을 듣지 않고 있었다. 그런 모습에 화가 치밀어 올랐다. 설명을 멈추고 왜 이렇게 안 듣냐며 화를 냈다. 수업을 정리하면서 설명하는데, 그것도 길게 하지 않고 잠깐 할 건데, 평소에 내가 설명을 많이 하지도 않고 가끔 하는데, 이렇게 안 듣는 건 나를 무시하는 것이 아니냐고 소리를 높였다. 그 순간 내가 화를 내고 있고 그것이 화풀이하는 것 같다고 느꼈다. 그래서 누구든 말을 할 때 친구들이 잘 안 들으면 무시당했다고 느끼고 화가 나지 않냐, 제발 내 말을 좀 들어보라고 화를 약간 누그러뜨리며 말했다. 수업 분위기가 다소 누그러졌고 애들은 약간의 죄책감을 느끼며 내 말을 듣기 시작했다.

이 일화를 수업 중 소란을 막는 좋은 방법으로 소개한 것은 아니다. 다만 내가 화를 내고 있음을 인식했을 때 다른 식으로 말을 하게 되었다는 것이다. 그리고 일단 감정에 이름을 붙이고 나면 그 현상을 잘 살펴보고 적절한 대처를 하려는 마음을 갖게 된다.

그러나 감정을 하나의 단어로 표현하는 것은 그리 쉬운 일은 아니다. 어휘를 몰라서가 아니라 일상생활에서 자주 쓰지 않기 때문이다. 그래서 연습을 위해서라도 자주 사용해야 한다. 어떤 감정을 파악하면 그것을 언어로 표현해보는 연습은 대화가 아니더라도 가능하다. 일어난 상황과 자신의 감정을 간단하게 나마 글로 적을 수 있다. 잘 기억이 나지 않는다면 느낌말 목록을 휴대폰에 사진이나 텍스트 형태로 저장을 했다가 언제든지 들춰보는 것도 좋은 방법이다. 수업 들어가기 전에 느낌말 목록을 한 번씩 읽고 들어가면 마음이 정돈됨을 느낀다. 그렇게 해서 느낌말들이 익숙해지면 수업하면서 자신의 감정을 알아차릴 수 있고 때에 따라서 표현을 통해 아이들과 소통할 수 있게 된다. 다음은 교사로서 수업 속에서 가질 수 있는 감정을 언어로 표현한 예이다. 이것보다 훨씬 더 많은 예가 있을 테지만 몇 가지 사례만 살펴보자.

■ 수업을 시작할 때 한 아이가 툭 던진 농담으로 수업 도입의 분위기를 흐린다. → 수업이 잘 될 것인가에 확신이 떨어지면서 불안하다, 그 아이가 수업을 얼마나 방해할지에 대해 신경이 쓰인다, 흐트러진 분위기에서 지시사항을 어떻게 전달해야 할지 난처하다, 아이들로부터 소외되어 외롭고 허탈하다, 수업 시작부터 방해받아 화가 나고 분하다.

■ 한 아이가 수업과 상관없는 질문을 한다. → 그 질문에 어떻게 답변할지 난감하다(그냥 그 아이 말을 무시하면 상처를 주는 것 같고, 답변하자니 수업의 맥이 끊길 것 같다), 지금껏 열심히 한 설명을 안 들은 것 같아 섭섭하고 실망스럽다, 그 아이의 반복적인 자기 관심사에 국한한 질문에 짜증이 난다.

■ 수업 중 학생의 질문에 갑자기 답변이 생각나지 않아 버벅댄다. → 답변이 생각나지 않아 당황스럽다, 실력을 테스트하는 것 같아 긴장하면서 불편하고 두렵기도 하다, 전문가로서 증명을 제대로 하지 못하는 것 같아 수치스럽다.

■ 열심히 설명한 후 질문이 있으면 하라고 하는데 아무도 안 한다. → 학생들이 제대로 이해하지 못한 건 아닌가 염려된다, 설명을 못 알아들은 것 같아 답답하다, 앞에서 혼자 수업한 것 같아 고독하

고 설명이 의미 없는 것 같아 공허하다.

✿ 학생들이 서로 얘기하는 소리가 자꾸 들린다. → 다른 소리가 들려 신경 쓰인다, 무슨 얘기를 하는 것인지 몰라 답답하다, 수업을 방해받는 것 같아 화가 난다, 교사의 권위가 손상당한 것 같아 속상하다.

✿ 해결할 과제를 주고 돌아다니고 있는데 여기저기 질문이 많다. → 열심히 배우는 아이들이 많아 기쁘고 감동한다, 답변할 건수가 많아 조바심 난다, 충분한 시간이 없어 안타깝다, 기다리지 않고 먼저 도움을 받으려고 몇 번이고 불러대는 아이들에게는 귀찮고 짜증이 난다, 어떤 아이들은 기초부터 설명을 다시 해야 해서 막막하다.

감정을 언어화해서 표현하는 것만으로도 우리는 감정을 훨씬 잘 다룰 수 있다. 하지만 이것만으로는 부족하다. 하다 보면 알겠지만, 매번 같은 감정들이 올라오는 걸 발견할 것이다. 특히 학교에서 일하는 교사라면 같은 상황에 부닥치는 경우가 허다하다. 그럴 때마다 반복해서 감정을 읽어주기만 하면 될까? 자연스럽게 이런 의문이 떠오른다.

감정의 패턴 보기

우리의 삶은 습관처럼 일정한 패턴을 갖고 있다. 시간은 흐르면서 우리 앞에 새로움을 가져다 놓지만 삶의 일정한 패턴은 그다지 변하지 않는다. 아침에 일어나서 하는 일, 출근하면서 하는 일, 학교에서 하는 일에는 각자에게 주어진 환경에 적응하면서 선택한 것들이 하나의 세트처럼 묶이면서 반복된다. 우리의 뇌는 새로운 것을 실행하면서 겪는 실수와 손해를 처음에는 감수하지만 빠른 시간 내에 그것을 자동화 단계로 올려놓으려고 애쓴다. 일단 자동화가 되면 일을 처리하는 데 드는 에너지 소모가 적기 때문이다. 하지만 그러한 반복은 안정감과 동시에 지루함을 준다. 신남이 사라진 하루를 보내면서 우리는 지루함을 느끼지만 동시에 그것을 쉽게 벗어나지 못하는데, 그것은 자동화에서 비롯된 안정감 때문이다.

운전을 생각해보자. 처음에 운전을 배울 때는 엄청나게 긴장을 한다. 시동 켜기, 핸들링, 미러 보기, 액셀 밟기, 브레이크 밟기, 신호등 준수하기, 속도 제한 지키기, 깜빡이 켜고 끄기, 전등 켜고 끄기, 갑작스러운 상황에 대처하기 등등 생각해야 할 것이 너무나도 많다. 하지만 점점 운전이 익숙해지면서 방향을 틀 때는 깜빡이를 켜고 좌우를 살피면서 핸들을 틀고 갑자기 보행자가 나타나도 대처할 만큼의 속도로 줄이는 복잡한 과정을 능수능란하게 수행한다.

감정도 이와 같다. 감정의 패턴은 외부에서 오는 말이나 행동 같은 자극에 대해 내부의 특정한 반응이 밀접하게 연관되어 나타나는 현상을 뜻한다. 예를 들어, 아침에 늦게 일어났을 때 지각을 예상하며 불안하고 초조하고 좋지 않은 인상을 주게 될까 봐 염려하는 감정이 연속적으로 생긴다. 자신을 비난하며 지적하는 소리를 들을 때 억울하고 속상하며 서운한 감정들이 교차한다. 나를 안 좋게 평가하는 이야기가 돌고 있다는 것을 들을 때 슬프고 속상하고 허탈하고 맥 빠지고 열 받는 감정들이 빠르게 지나간다.

감정의 패턴이 부정적으로 얽혀 있는 사람들이 많다. 그들은 자주 불만을 표현하고 화를 낸다. 누군가를 쉽게 비난하거나 험담하고 조롱하는 말을 섞으면서 자신의 우월함을 보여주려고 노력한다. 이들에게 걸려들면 비난이나 화, 조롱의 소리를 듣기 십상이다. 없는 흠이라도 잡아서 트집 잡고 뭐라고 할 태세를 갖추고 사는 것만 같다.

이보다는 조금 덜 하더라도 교사 역시 부정적인 패턴을 갖고 있다. 학교생활이 그만큼 어렵기 때문이다. 들어가는 글에서 살펴봤듯이 학교의 감정 생태계는 정말 만만치 않다. 학교에 출근하면서부터 퇴근할 때까지 학생과의 마찰은 물론이고 학교의 비민주성은 교사들을 불안과 불만으로 자주 내몬다. 일전에 어느 학교에서 교사들을 대상으로 강의할 때 학교가 어떻게 변하면 좋겠느냐 질문을 했더니 휴식 시간과 공간을 마련하면 좋겠다는 답변이 큰 지지를 얻었다. 수업과 업무로 정신없이 살아가다 보면 마음은 안정감을 잃고 몸은 긴장된 상태가 되어 피곤이 쌓이게 된다. 시간적 제약과 행동에 대한 통제가 많으면 많을수록 스트레스를 받게 되어 감정은 점점 날카롭게 되기 쉽다.

감정의 패턴이 부정적으로 나타날 때 우리는 쉽게 피곤해지고 우울해지며 벗어나고 싶은 충동을 느끼지만 그럴 수 없음에 무기력해진다. 해결책은 패턴을 끊어내는 길 외에는 달리 없다. 패턴을 어떻게 끊을 수 있을까?

감정의 패턴은 인지하기가 어렵다. 자동화되어 있어서 대부분 무의식적으로 흘러가고 다만 그런 패턴의 결과물로 행동이 드러난다. 그래서 행동을 한 후에 되돌아보며 행동 안에 들어 있는 감정을 추측해야 한다. 하지만 이런 성찰을 계속 연습하다 보면 행동을 한 후가 아니라 행동하는 중에도 알아차릴 수 있다. 물론 너무 감정에 충실한 상태에서는 그렇게 하기가 어렵지만, 감정을 알아차리는 연습을 할수록 빨리 자신의 감정을 알아차리게 되는 경우가 점점 많아진다. 자신의 감정을 알아차리게 되면 패턴에 따라 행동하던 것을 바꿀 수 있다.

그것은 하나의 세트가 된 자극과 반응의 묶음을 풀고 다른 반응으로 대체하는 것이다. 우리는 특정한 자극에 특정한 반응들로 대처해 왔고 그것이 가끔은 효과적이기 때문에 거기에 안주해 왔다. 이를테면, 누군가 내가 하는 말을 듣지 않고 다른 생각에 빠져 있을 때 '나는 지금 누구한테 말하고 있니?'라고 하거나 그냥 입을 다물고 화가 난 표정으로 대하는 식이 외부 자극에 대한 우리의 반응 방식이다. 하지만 다른 식으로도 대할 수 있다. 그 사람을 톡톡 치며 '무슨 생각을 골똘히 하는 거야? 무슨 일 있어?'라고 물어보거나 입을 다물고 잠시 서로의 시간을 가질 수 있다. 내 말을 자꾸만 끊고 자신의 말을 하는 친구에 대해서는 '왜 자꾸 내 말을 끊어? 말 좀 하자.'라며 신경질 낼 수 있지만 '네가 이야기하고 싶은 게 있나 보네. 내가 들어줄 게. 이야기해줘.'라며 그 친구에게 주목할 수도 있다.

자극과 반응이 너무도 강하게 엉겨 붙어 무의식적으로 반응이 튀어나오기 때문에 이 둘을 분리시키는 것은 불가능하다고 생각하기 쉽지만 우리는 그 자극과 반응 사이를 벌리는 힘을 갖고 있다. 다른 반응을 생각하고 선택하는 것을 연습할 수 있다. 왜냐하면, 어떤 식으로 반응하든 그것은 우리의 선택이기 때문이다.

인천에서 고양까지 전철로 출퇴근한 적이 있다. 1시간 반이나 걸리지만 오고 가면서 독서를 할 요량으로 했는데 실제로는 책을 잘 보지 못할 때가 많았다. 사람이 너무 많아지면 책을 들 공간조차 없어지고 갈아타는 역에서 다음 열차를 타기 위해 뛰고 난 후에는 힘들어서 책을 볼 여유가 생기지 않았다. 처음에는 차로 다녔는데 자주 막히는 도로에서 아무것도 안 하고 그냥 보내는 시간이 아깝고, 막힌 도로에서 느리게 가는 차에 대해서 답답하게 여기고 추월하려는 버릇이 생기면서 앵그리 드라이버로 살지 말자고 다짐하고 대중교통으로 바꿨다. 그런데 대중교통 출퇴근을 2년 정도 하다 보니 어느 순간 앵그리 보행자가 되어 있었다. 갈아타는 역에서 빨리 가야 전철을 놓치지 않을 수 있기에 마음은 다급해져 있는데, 사람은 많고 나보다 천천히 가는 사람들에게 자꾸만 막혔다. 걸음 속도야 자기 마음이지만 스마트폰을 보면서 가는 사람들을 보면 좀 짜증이 났다. 그 사람도 그다지 느리게 가는 건 아닌데도 말이다. 그런 사람을 보면 '꼭 저래야 하나?', '출퇴근길에 사람들이 바쁜 거 모르나?', '잠시 안 보고 전철을 타고 난 후에 보면 안 되나?' 이런저런 불평이 생겼다. 어떻게든 그 사람을 제치고 서둘러 가지만 전철이 휭 하고 가버리면 짜증은 극에 다다르고 혼자 씩씩거리다가 화를 삭인 경우가 왕왕 있었다.

나의 패턴이 보이는가? 출퇴근길에 지각을 하지 않으려는 조급한 마음이 발걸음을 재촉하고 그러다가 사람들에 막히면 스마트폰을 보면서 가는 사람들에게 화를 내는 격이다. 그런데 이런 내 패턴에는 여러 가지의 감정들이 들어있다. 첫째는 아침마다 드는 자책이다. 조금 더 일찍 나올 수 있는데 꼭 다급하게 나온다. 그리고 역까지 뛴다. 그래서 간신히 전철을 잡아타면 숨이 차서 목표로 한 책은 잘 보지도 못한다. 집에서 늦게 나오면 교통편도 연쇄적으로 늦게 된다. 갈아타는 역에서 아무리 서둘러도 사람들이 붐비는 시간에는 다음 전철을 놓치기 일쑤다. 그러다 보면 출근시간보다 10분을 넘긴 시간에 학교에 도착한다. 제 시간에 도착하지 못하고 지각하는 마음은 언제나 불편하다. 아침에 좀 일찍 나와야지 하면서 스스로를 다그

친다. 둘째는 확연히 드러나는 짜증과 분노이다. 사람들이 너무 많아 천천히 가야만 할 때, 전철이 막 가버렸을 때, 전철을 잡아타기 위해 마구 뛰어야 할 때, 전철 안에서 가방을 뒤로 멘 사람이 있어서 안 그래도 사람이 많은데 가방마저 한사람분을 차지하고 있어 불편할 때, 사람들이 너무 많아 움직이는 사람들에게 내 손이 닿았을 때 혹시 치한으로 몰리는 건 아닌지 걱정이 들 때, 책을 보고 있는데 큰 소리로 통화하거나 이야기하는 목소리에 온 신경이 집중될 때, 그리고 자꾸 짜증을 내는 나를 볼 때.

그래서 요즘에는 이런 패턴에 갇히지 않으려고 늦었다 싶으면 차로 출퇴근한다. 전철을 놓치지 않으려고 죽어라 뛰는 것을 자책하거나 원망하지 않고 대신 운동으로 생각한다. 그래서 에스컬레이터를 타지 않고 계단으로 오른다. 사람들이 많아 책을 볼 수 없으면 그냥 혼자 생각하기를 선택한다. 내가 할 일이나 하루의 일과를 되돌아보면서 갑자기 떠오른 생각은 휴대폰 메모장에 기록해둔다. 중간에 내려서 버스를 타는 식으로 경로를 바꾼다. 그러면서 버스 정보도 검색하는 방법에 익숙해진다. 버스를 타야 하는 날은 이미 늦은 것이지만 늦으면 늦는 대로 받아들이고 같은 교무실 동료 선생님들과 인사 나누고 반 조회를 준비한다. 나도 늦는데 하는 마음에 지각을 하는 아이들을 매서운 눈으로 바라보지 않는다.

이렇게 매일 반복되는 일상 속에서 하나의 세트로 묶인 감정의 패턴과 행동들을 파악하고 난 후에는 다른 선택을 통해 그 패턴이 주는 부정성을 깨뜨릴 수 있다. 그리고 그런 선택을 자주 하다 보면 긍정적인 패턴이 형성된다. 그래서 지옥 같은 출퇴근길을 활기참 약간, 독서를 통한 사고의 확장성 약간, 줄곧 서서 감에도 예전보다 나아진 건강을 확인하는 계기로 삼고 있다. 그래서인지 요즘은 매일같이 운동을 한다. 출퇴근 시간이 운동에 대한 자극으로 바뀐 것이다.

감정 패턴은 내가 하는 수업에서도 보인다. 수업 시작할 때부터 끝나는 시간까지 내 감정의 패턴은 여러 가지 형태로 반복해서 나타난다. 수업이 시작할 때 아이들이 얼마나 수업 준비를 하고 있는가에 따라 크게 달라진다. 만일 다 자리에 앉아 있고 준비물을 꺼내는 시간이 오래 걸리지 않으면 잘 될 거라는 기대감이 차오른다. 그러나 자리에 앉지 않는 학생 2~3명, 서로 얘기하는 학생 5~6명, 엎드려 있는 학생 2~3명 등 수업을 어떻게 시작하면 좋을지가 난감한 수업도 있다. 조용히 기다리다가 어느 정도 진정이 되면 수업을 시작하는데 불쑥 자기 이야기를 크게 하는 학생이 있으면 짜증이 밀려온다. 저 학생은 도대체 수업할 마음이 있는 건가? 이런 생각이 들면 분노가 치밀어 오른다. 그래서 이렇게 쏘아붙인다. 너는 수업할 마음은 있는 거냐? 수업하기 싫으면 잠시 나가 있든지 하면 좋겠다. 그러면 조용해진다. 그러나 그 학생의 표정은 일그러진다. 그러거나 말거나 수업은 시작된다. 학습지를 주고 풀어보라고 한 뒤에 돌아다니다가 학생들의 질문에 답하고 잘 안 되는 학생들에게는 개입해서 도와주는데 또다시 소란스럽다. 고개를 들어보면 아까 그 학생들이다. '역시 공부할 마음이 없어.' 이렇게 판단하고는 소리를 지르기 시작한다. "수업할 마음이 없으면 교실에서 나가라." 이번에는 가차 없다. "아까부터 수업에 참여 안 하는 걸 보니까 배울 생각이 없는 거잖아. 그러니까 당장 나가라고." 분노가 나를 휘감고 포효하기 시작한다. 교사의 일갈에 무서움을 느끼면서 몇 명이 나간다. 나간 아이들을 보며 약간은 미안함이 들지만, 다시 조용해지고 열심히 과제를 하는 학생들을 보며 마음이 차분해진다. 그것도 잠시 여기저기 질문에 답하러 다니며 바빠진다. 한창 답변하고 있는데 계속 나를 부르면 잠시 기다리고 하고 답변을 마무리한다. 이렇게 잘 모르는 학생들 가르쳐주다 보면 정리할 시점이 온다. 분주한 마음에 교탁에 자리를 잡고 정리하려고 하는데 아직 못한 학생들이 열심히 하고 있거나 친구를 가르쳐주는 데 집중하느라 아직 나를 바라볼 여유가 없는 학생들을 보며 갈등한다. 시간을 보다가 이제는 정리할 시간이라며 나를 보라고 주목을 시킨다. 안타까운 마음이 들면서 조금 더 시간을 주면 좋겠다는 아쉬움이 스치고 지나간다. 그렇게 정리를 하는데 아무것도 적지 않고 빈칸이 그대로인 학생들을 보면 다시 화가 치밀어 오른다. 멍하니 있는 학생들에게 정신 차리라고 하면서 일부러 지금 어디 하고 있냐는 질문을 한다. 답변을 못 하면 잘 들어보라며 훈계하고 다시 정리로 돌아간다. 그러다 종이 친다. 그러면 용수철처럼 바로 자리에서 일어나는 학생들을 향해 "앉아!" 하고 다시 소리를 친다. 조금만 더 하고 끝내자 하는데 여기저기 터져 나오는 한숨 소리에 흔들리는 마음을 다잡고 설명을 마친다.

이것이 내 수업 패턴이며 거기에 따른 감정의 패턴이다. 처음에는 수업 마지막 부분까지 화를 내면 자책을 하며 나는 왜 이리 못난 교사일까 하는 생각에 괴로웠다. 지금은 그런 죄책감에 에너지를 낭비하고 싶지 않고 교사로서 부족하며 잘하지 못하는 나를 미워하기보다 나를 수용하면서 발전된 수업을 하기 위해서 고민하는 데 에너지를 쓰자고 다짐하며 교실에서의 감정은 교실에 두고 나오려고 한다.

그러면 수업에서 잘 배우지 않으려는 학생에 대한 교사의 반응이 잘못된 것일까? 수업에서 배우고자 하는 의지를 보이지 않고, 혼나지 않으면 떠들고 장난치는 학생이 있을 때 어떻게 해야 하는가? 그런 학생은 인내를 통해 나아질까? 마냥 인내를 한다고 나아지는 건 아닐 것이다. 갑자기 특별한 계기가 만들어지지 않는 이상 말이다. 그리고 날마다 수업이 잘 되기를 바라는 마음이 그런 학생들로 인해 무너지는 것을 보면서 인내를 얼마나 할 수 있을까? 또한, 수업에서 배우고자 하는 학생들은 어찌하는가? 학원에 다니지 않거나 그 시간을 잘 들어야 좋은 결과를 얻을 수 있다고 생각해서 잘 듣는 학생들은 그런 소란스러운 분위기에서 잘 배울 수 있을까? 내가 화를 내는 주요한 이유 중 하나는 학교가 온전한 배움을 만들 수 있어야 한다는 생각 때문이다. 수업에서 집중을 못 하고 무엇을 배우는지 잘 모르는 학생이 20% 이상만 되어도 배우는 분위기가 형성되지 않으며 그런 상황에서는 학원을 선택하는 것은 당연한 듯 여겨진다.

그러면 반대로 수업시간을 망가뜨리는 학생 입장을 생각해보자. 수업이 너무도 하기 싫은 특별한 이유가 있을 수도 있다. 하지만 대부분은 하고 싶어도 무슨 말인지 못 알아듣기 때문이라고 답한다. 그러니까 소외된 느낌을 지우고 싶어서 자꾸 친구들에게 말을 걸고 장난도 치는 것이다. 그걸 할 수 없다면 자는 것밖에는 다른 대안이 없다. 그들에게 수업 내용 자체가 버거운 것이니까. 그러나 그들을 가르쳐주려고 다가가면 부담스러워한다. 배움을 포기하고 무기력한 상태에 오랫동안 머물러 있었기 때문이다. 이미 그 상태가 익숙하기 때문에 벗어나기 싫은 것이다. 자신이 모른다는 것을 직면해야 하고 이해하기 위해 머리를 써야 한다는 것이 너무도 싫은 것이다. 하나하나를 차근차근 알려주면 그 당시에는 이해를 한다 해도 그 후 다시 공부를 시작해야 하는 과정은 자신의 무지함에 끊임없이 부딪쳐야 하고 그것을 이겨내기 위해 계속적인 노력을 해야 하는 과정이기에 미리부터 겁을 집어먹는 것이다. 이것이 공부를 못하는 아이들이 갖고 있는 무기력이다.

이들은 자신감뿐만 아니라 자존감도 매우 낮아 자신이 뭘 할 수 있다는 생각을 하지 못하고 조금만 어려워도 포기하고 싶어 한다. 그런 환경이 자신의 열등감을 부추기고 자신의 못남을 자극하여 수치심을 느끼게 하니 그 속에 머무르고 싶은 마음이 전혀 없는 건 어찌 보면 당연한 일이다. 수업에서 이들의 감정적 패턴은 수업하기 귀찮고 무기력하며, 그 시간에는 자기와 노는 친구가 없어 외롭고, 선생님이 하라고 시키면 짜증이 나고, 가르쳐준다고 하면 부담스럽고, 그러다가 혼나면 죄책감이 들었다가 자기만 혼내는 것 같아 억울하고, 그런 환경에 자신을 몰아넣은 모두에 대한 분노가 차오른다.

교사의 감정적 패턴과 혼나는 무기력한 학생들의 감정적 패턴은 서로에게 부정적인 자극을 주고 강화시키고 있다. 서로에게 실망하고 짜증이 나 있으며 답답하고 화가 치밀어 오른다. 그러면서 죄책감을 갖게 되고 자신이 못하는 것에 대해 수치심도 느낀다. 교사는 교사대로, 학생은 학생대로 무기력의 수렁에 빠져 있다.

수업이 제대로 이루어지려면 수업에서 생기는 무기력하고 부정적인 감정적 패턴의 강고한 쇠사슬에 최소한 금이라도 가게 해야 한다. 그러려면 교사가 먼저 움직여야 한다. 교사는 아이들의 삶에 많은 영향을 주기 때문이다. 교사의 움직임에는 직접적인 것과 간접적인 것이 있다. 먼저 직접적인 것은 아이들의 감정을 다루는 것이다. 그들의 무기력을 직면하게 하고 벗어날 수 있도록 돕는 프로그램을 운영하는 것이다. 간접적인 것은 교사 자신이 무기력에서 벗어나는 것이다. 활기차고 열정적인 모습을 삶으로 보여주는 것이다. 직접적인 것을 하려면 사실 교육과정을 다시 짜야 한다. 이것은 직접적으로 효과가 있다. 하지만 경험의 축적이 없다면 어렵다. 간접적인 것도 어렵긴 마찬가지다. 하지만 그렇게 해야 할 필요성은 더 있어 보인다. 교사가 자신의 좌절을 이겨내고 새로운 열정과 계속적인 도전을 이어갈 때 아이들은 그런 교사의 모습에 감동을 받는다. 자신도 그렇게 살고 싶어진다. 그런 교사가 자신의 옆에서 도움을 줄 때 마음을 열게 된다. 물론 오랫동안 쌓아온 무기력의 성이 한 번에 무너지리란 예측은 요행일 수 있다. 하지만 교사의 삶은 하나의 모범이 되어 흔적을 남긴다.

또 하나의 방법은 친절이다. 친절은 학생의 모든 요구에 응답하라는 것이 아니다. 어떤 요구에 응답하는 것은 안 좋은 결과를 가져올 수 있다. 일례로 즉각적으로 답을 알려고 하는 질문은 탐구의 수고를 피하고 싶어서 나온다. 만약 학생의 질문이 즉각적인 답을 요구한다면 거기에 답변하는 건 오히려 학습 능력에 독이 될 수 있다. 그런 친절은 무기력의 패턴을 끊어내기 어렵다. 여기서 친절은 학생의 요구를 들어준다는 의미보다는 존중하는 마음과 연민의 마음을 의미한다.

영화 '원더'에 등장하는 어기는 태어날 때부터 여러 차례 수술해야 했던 아이다. 수술로 인한 후유증으로 4학년까지 홈스쿨링을 했던 어기는 5학년이 되어서야 학교에 들어간다. 거기서 만난 한 선생님은 아이들에게 철학자 웨인 다이어의 말을 인용한다. '올바른 것과 친절한 것 중 하나를 선택해야 한다면 친절을 선택하라.' 우리는 올바른 것이 언제나 우리를 옳은 길로 인도한다고 믿는다. 하지만 옳음을 선택할 때 우리는 타인을 그르다고 규정함으로써 우리를 추켜세우는 일을 하게 된다. 자신이 옳다고 주장하면 타인은 틀리게 되며 우리의 에고는 한층 우쭐댄다. 반면 친절은 자신과 타인을 분리하지 않고 연결하려고 하는 시도이다. 타인에게 친절을 베푸는 것은 옳고 그름의 문제로 타인을 바라보는 것이 아니라 존중하는 자세로 타인과 소통하는 태도이며 마음과 마음을 잇는 소통 방식인 것이다.

자신의 에고를 강화하며 타인을 열등하게 만드는 삶의 습관을 벗어버리는 노력은 교사인 우리에게 정말로 필요하다. 교사는 옳고 그름을 누구보다 더 강조하기 때문이다. 게다가 교사는 아이들보다 더 도덕적이어야 하고 – 최소한 그렇게 보여야 하고 – 아이들에게 옳고 그름을 제대로 가르쳐야 한다는 압박 속에 있다. 그런 규범들이 교사에게 가해지면 친절을 통한 연결을 실천하기가 어려워진다. 하지만 그렇게 자신의 에고를 강화하여 아이들에게 열등감과 죄책감, 수치심을 심어주기보다는 그들의 마음을 이해하고 연민을 품으며 다가가서 마음으로 소통한다면 아이들은 그때야 비로소 교사의 마음으로부터 배울수 있게 된다. 그리고 이것이 교사인 우리가 반드시 취해야 하는 삶의 자세인 것이다.

감정에 붙은 생각 분리하기

감정에 이름을 붙여 알아차리고 그것이 어떤 패턴으로 나타나는지를 관찰했다면 이제는 그 감정에 붙어 있는 생각을 봐야한다. 감정은 자연스러운 반응이라고 생각할 수 있지만, 사실은 알고 보면 상당 부분 생각과 결부되어 나타나면서 생각이 감정을 더욱 부채질하기 때문이다.

화가 나는 경우를 생각해보자. 친한 친구가 나를 툭 치면 장난인가 생각하고 넘어간다. 혹은 나한테 할 말이 있는가 하고보게 된다. 그런데 거리나 버스, 전철 등 공공장소에서 누군가 지나가면서 툭 치고 가면 예의 없는 행동이라 생각하고 기분이 안 좋아진다. 그 사람이 나이 든 사람이거나 약간 덩치가 있으면 외모나 나이에 대한 편견까지 더해진다. 관계가 틀어진 누군가가 나한테 농담하면 그걸 농담으로 받아들이지 않고 시비라고 받아들인다. 교장이 하는 말과 동료 교사가 하는 말이 다르게 느껴지고 학생도 누가 말하는가에 따라 기분이 달라진다. 이처럼 관계성에 기반을 둔 판단은 감정에 큰 영향을 준다.

이런 현상은 자신의 기분에 따라서도 나타난다. 비가 갑자기와서 우산을 준비 못 해 어쩔 줄 몰라 할 때 아는 사람이라도 만나 우산을 나누어 쓰게 되면 엄청나게 고마운 마음을 갖게 된다. 이런 마음에서는 누군가가 나를 비난해도 잘 참을 수 있다. 반면에 아침에 관리자가 불러 학급관리에 대해 지적을 한 상황에서 지각하는 아이를 보면 진짜 화가 난다. 마치 그 아이가 내가 받은 모든 비난의 원인처럼 되어버린다. 수업 중 계속 자는 아이가 있어서 그 애를 계속 신경 쓰고 있는데 다른 곳에서 계속 잡담하는 아이를 보면 평소보다 더 화가 난다.

이처럼 감정이 상황에 의해 영향을 받는 이유는 특정한 생각이 들어 있기 때문이다. 위의 예에서 보듯이 관계성에 따른 짜증 지수의 원인이 되는 생각 중 하나는 모르는 사람에게 함부로 대하면 안 된다는 관념이 있기 때문이다. 서양 사람들이 한

국에 와서 놀라는 것 중의 하나가 지하철에서 부딪치고 가더라도 미안하다는 말 한마디 없이 그냥 간다는 것이다. 모르는 사람에 대한 예절 없음에 불쾌감을 느끼는 것이다. 관계성이 별로 없는 상태에서 충고하거나 지도하려고 하면 반발심이 더 커지거나 쉽게 편견을 갖게 되는 것도 이러한 이유이다.

감정에 붙은 생각은 관계성이나 기분 상태에 따라 좌우되는 경우에만 적용되지는 않는다. 오히려 그것은 작은 부분이다. 정말 큰 것은 오랫동안 붙어서 감정인지 생각인지 구별이 되지 않는 상태로 남아 있다는 점이다. 예를 들어보자. 비폭력대화에서 '무시'는 느낌이 아니라고 했을 때 의아했던 기억이 난다. 분명히 내 속에서 느껴지는 건데 왜 느낌이 아닐까? 하지만 생각해보니 무시는 상대방이 내 말을 잘 들어주지 않거나 중간에 자르거나 부탁을 거절할 때 드는 기분이다. 그럴 때 우리는 슬픔이나 실망을 느끼고 존중받지 못했다는 생각, 이게 벌써 세 번째라는 생각, 자신에 대한 못난 생각 등이 겹치면서 상대방의 행위를 무시라고 규정한다. 딱히 한참 생각해보고 '무시'를 떠올리는 건 아니다. 이런 기분을 무시로 표현한다는 걸 배운 후에는 강한 결합이 되어 자동으로 무시가 떠오르는 것이다. 무시당한 사람에게는 주로 분노가 생기기 마련이다. 그래서 자신의 감정을 잘 들여다보지 못하고 분노로 인한 비난과 원망, 혹은 자책이 수반된다. 이런 일이 반복되면 무시는 그 자체로 하나의 느낌이 된다.

생각에 의해 감정이 촉발되고 그것을 잘 알아차리지 못할 때 우리는 쉽게 감정을 합리화하고 잘 들여다보지 못한다. 그리고 감정이 행동을 유발한다는 점에서 행동마저도 합리화된다면 그것은 폭력마저 합리화할 수 있다는 점에서 위험하다.

예를 들어보자. 자식에게 소리치거나 매를 드는 부모는 자식을 교육하기 위해서 그렇게 해야 한다고 믿는다. 크게 혼나야 다시는 그러지 않는다는 것은 전 세대에게 배운 굳은 신념이다. 나도 그랬다. 어릴 적 집이 풍족하지 않아 친구들에 비해 장난감이 거의 없어 어머니 지갑에서 300원을 훔쳐 장난감을 사고 친구가 줬다고 거짓말을 했는데 나중에 들통나서 호되게 혼났다. 친구들과 놀고 집에 늦게 갔을 때도 혼났고 길가에 있던 나무 열매를 따 먹고 집에 가서 배가 안 고프다고 그랬더니 남의 과일을 훔쳐 먹었다며 엄청 혼났다. 그래서 정직이 삶의 신조가 될 만큼 확고하게 자리를 잡았다. 하지만 부작용으로 무섭게 혼내는 어른이 되어 있었다. 나는 우리 아이들이 아기였을 때부터 혼냈다. 게다가 엄하게 교육하는 것에 대해 스스로 잘하는 것이라고 합리화하고 있었다. 그런데 어느 날 엄하게 야단친다는 생각이 전혀 없이 목소리만 조금 높아졌을 뿐인데 아이들이 울기 시작했다. 어, 별로 화를 내지 않았는데? 의아스러웠다. 생각해보니 내가 그만큼 무섭게만 대했던 것은 아닌가? 공포심에 울던 아이들의 모습을 그제야 보게 되었다. 애정을 충분히 주지 못하고 키우는 것은 아닌지 반성하면서 그 뒤로 목소리를 높이지 않으려고 노력했다.

반성이 없는 교육은 자기 아집이며 불통이 되고 만다. 자식이 자기 기준에 어긋났을 때 화를 크게 내서 바로잡을 수 있다고 믿는 것은 어리석은 일이다. 그것은 아이를 하나의 객체로 바라볼 뿐 스스로 삶을 사는 주체로 바라보지 못하기 때문이다. 그 상황을 어떻게 판단하고 앞으로 어떻게 행동할지를 선택하는 주체로 대하지 못하면 아이의 삶 전부가 자신의 책임인 것처럼 받아들이게 된다. 그런 생각으로 인해 아이가 잘못하면 부모는 수치스러워하고 자신의 명예가 손상되었다고 생각한다. 교육을 잘하지 못한 자신보다는 자기 말대로 하지 않은 아이를 더 탓하며 분노의 희생물로 삼는다.

아이는 부모의 소유가 아니며 통제의 대상물이 아니다. 부모가 혼낼 때 아이는 혼나지 않기 위해서 부모의 기대에 맞게 행동하겠지만, 공포와 폭력을 피하려고 순응하는 반응이 하나의 패턴을 형성하면서 부모의 폭력적 교육방식을 그대로 받아들이게 된다. 그 일에 대해 충분한 생각을 배양하지 못했기 때문에 자신도 모르게 따르게 되는 것이다. 이것이 나중에는 권력자의 눈치를 보는 삶의 방식으로 남거나 약자에게 무조건 자신의 말을 강요하는 폭력적인 삶으로 나타나게 된다. 폭력적이되는 이유는 부모의 일방적인 양육이 획일적인 사고로 자리를 잡게 되면서 다양한 의견을 듣지 못하고 자신의 신념에 어긋나는 것은 참지 못하기 때문이다.

혐오는 특정한 생각이 만들어내는 감정의 좋은 예이다. 이것은 약자와 소수자를 향하고 소위 힘 있는 자를 위한다는 점에서 사회적 이슈가 되고 있다. 2016년 5월 17일 새벽, 서울 강남의 한 노래방 화장실에서 묻지마 살인이 자행되었다. 살인의 피해자는 여성이라는 이유 하나였다. 범인은 평소 여성에게 무시를 당했다는 열등감과 수치심을 계기로 살인을 저질렀다. 그러나 왜 특정 인물이 아니라 여성이라는 젠더로 비화되었을까? 약자인 여성이 남성인 자신을 무시하였다는 사고가 전제된 분노였기 때문이었다. 사회적으로 남성보다 여성의 지위가 낮고, 가부장적 가정에서는 여전히 여성은 결정권이 없고 가장인 남자의 말을 따라야 한다는 잘못된 신념이 자리 잡은 현상은 남성의 지배적 위치와 신념을 뒷받침해주고 있다. 그렇게 남성으로서 우월하다는 인식을 하는 와중에 남성인 자신이 여성을 지배하지 못하고 오히려 무시를 당하고 있으니 그 수치심이 엄청났을 것으로 추측한다. 살해한 여성은 자신과 아무런 상관이 없었지만 자신의 분풀이 대상으로 삼았던 것은 여성 혐오가 컸다고밖에 볼 수 없다.

세월호 참사는 이러한 혐오 감정을 볼 수 있는 또 다른 예이다. 2014년 4월 16일 단원고 2학년 학생들은 제주도로 수학여행을 가고 있었다. 배를 타고 내려가던 날 아침, 세월호가 급격하게 침몰하면서 304명은 구조되지 못했다. 배가 짧은 시간에 침몰하는 엄청난 참사였음에도 불구하고 구조 작업은 계속 지연되었고 배에서 제때 나오지 못한 수많은 학생은 구조를 끝까지 기다리다가 가족에게 마지막 메시지를 휴대폰 영상에 남기고 생을 마감해야 했다. 구조가 늦어진 점, 배가 침몰하고 있는데 아무도 구조 작업을 하고 있지 않음에도 최선을 다해 구조하고 있다는 오보를 낸 점, 진실을 가리기 위한 세월호 특별조사위원회의 활동이 부진하게 이뤄졌고 가라앉은 이유조차 밝히지 못하게 방해한 점 등은 박근혜 정권의 아킬레스건이 되어 마침내 그는 탄핵을 당하고 말았다. 하지만 그 과정은 정말 제대로 된 나라가 맞나 싶을 정도로 처참했다. 세월호 유가족들의 시위가 광화문에서 단식투쟁으로 계속되자 소위 일베 회원들을 중심으로 몇몇 사람들이 그 앞에서 피자 파티를 벌이고 시체 장사하냐며 손가락질했다. 수많은 국민이 이제 그만 할 때도 되지 않았냐, 온 나라를 장례식 분위기로 만들려고 하냐, 대통령이 뭘 잘못했다고 그 야단이냐 등등 그들을 향해 비난을 퍼부었다. 정권을 잡은 세력들은 그들의 추악함을 감추기 위해 그들을 혐오 대상으로 삼았다.

사랑하는 아들, 딸의 죽음에 대한 진실을 밝혀달라고 시위하며 단식하는 유가족 앞에서 피자와 치킨 파티를 벌이는 자들의 심리는 무엇이었을까? 돈 때문이었을까? 아니면 권력자들을 향한 충성심의 발로였을까? 내 생각에는 세월호 참사가 일어난 직후 한 목사의 발언과 비슷한 현상이라고 본다. 그 목사는 '가난한 집 아이들이 경주 불국사로 가면 되지 왜 제주도로 수학여행을 가서 이런 사달이 나는지 모르겠다.'라고 말했다. 이들의 혐오는 가난한 사람들에 대한 멸시이다. 가난하면 열심히 일하고 돈을 아껴서 성공할 생각만 해야지 돈을 함부로 쓰면 안 된다는 것과 무엇보다 지배 계층에게 불만을 표시하면 안 된다는 신념이 그들의 혐오 감정 밑에 깔려 있다. 이런 신념은 지배계급이 피지배계급에게 심어준 것으로 프레이리는 이렇게 분석했다.

억압자[지배자]가 보기에 더 많은 소유는 양도할 수 없는 권리이며, 자신의 노력으로써, 즉 위험을 감수한 용기로써 획

득한 권리다. 타인들이 더 많이 소유하지 못한다면 그것은 그들이 나태하고 게으르기 때문이다. 게다가 그들이 보기에 타인들은 배은망덕하게도 지배계급의 관용에 대해 감사할 줄 모르는 자들이다. 그렇게 후안무치하고 시기심에 사로잡혀 있기 때문에 늘 감시해야 할 잠재적인 적이 되는 것이다.[2]

소위 성공신화에 사로잡혀 지배계급을 자신의 이상으로 바라보며 그들처럼 살기를 꿈꾸는 자들은 끊임없이 자신보다 가난한 자들을 향해 비난과 멸시를 보낸다. 그래야 자신들의 지위가 높아지고 있다고 믿기 때문이다. 그들이 조금이라도 이익을 얻으면 그것을 시기하고 빼앗기 위해 혈안이 된다. 이런 부류의 사람들은 세월호 유가족이 온갖 보상금은 다 받으면서 대학 입학 혜택도 얻어간다고 비난했고 그들을 향해 강한 증오의 감정을 보였다. 결국, 그들은 진실을 향한 부모의 마음을 처참하게 짓밟고 말았다.

누군가를 강하게 미워하는 마음은 자신이 직접적으로 피해를 당하지 않더라도 얼마든지 가능하다. 단지 전해 들은 소문만으로도 미움과 증오가 생길 수 있다. 일종의 대중심리적인 혐오

---

2 파울로 프레이리(2017), 『페다고지』, 남경태 역, 그린비, p. 70.

감정은 약자를 향하고 힘 있는 자를 위한다는 측면에서 사회적 폭력이다. 특히 우리나라는 일제 강점기와 한국 전쟁을 거치면서 남과 북이 분단되고 자본주의와 공산주의가 대립하면서 증오 및 혐오의 감정은 뿌리가 깊다. 지배계급은 이를 이용해 자신들의 부와 권력을 구축했고 사람들을 현혹하여 자신들을 우상시하는 데 일정 부분 성공하였다.

이것이 한국 사회가 엄청난 경쟁을 기반으로 두고 있으며 학생들은 누구나 돈을 많이 벌어 잘 먹고 잘사는 것을 성공으로 여기는 편협한 사고에 갇혀 있고 경쟁에 뒤처지면 패배자로 인식하게 된 배경이라 할 수 있다. 그리고 경쟁에서 승리한 자들은 패배한 자들을 혐오할만한 지위를 얻은 것처럼 생각하는 사고가 굳어져 있다.

학교에서도 혐오 감정을 심심치 않게 만날 수 있다. 자신의 외모를 잘 가꾸지 않고 반듯한 외모를 가지지 못한 친구에게 보이는 감정은 일종의 혐오이다. 냄새난다며 가까이하지 않으려고 하고 뚱뚱하고 못생겼다며 놀지 않으려고 한다. 인간에 대한 존중하는 마음을 키우지 못하면 겉으로 드러나는 것으로 우리는 쉽게 혐오 감정에 빠질 수 있다.

친구와 사이가 나빠지면서 그에 관한 헛소문을 퍼뜨리고 놀지 말라며 따돌리는 현상은 혐오 바이러스라고 할 수 있다. 근거 없이 친구가 하는 부정적인 말을 그대로 믿는 것은 이들이 부정성에 더 잘 끌리기 때문이기도 하지만 혐오의 감정을 누군가에게 투사해서 자신의 수치를 덜어내고자 하는 것으로 볼 수 있다. 오해하고 따돌린 학생들은 나중에 그것이 사실무근임을 알게 되면 미안해하지만, 그전까지는 그것이 사실인지 확인조차 하지 않는다. 외모에 대한 편견과 좋지 않은 소문이 얼마든지 특정인에 대한 미움의 감정으로 발전할 수 있다.

이러한 혐오 감정을 해결하는 방법은 그 뒤에 숨겨진 신념을 들추어내는 것이다. 감정과 생각이 서로에게 영향을 줘서 혐오를 합리화, 정당화하고 이것은 쉽게 무너지지 않는다. 다른 사람이 사실을 들이대며 그런 생각이 틀렸다고 해줘도 오히려 그 생각을 강화하기 위한 증거를 찾게 된다. 혐오의 장벽을 깨려면 자신의 마음을 듣고 보는 작업이 필요하다. 마음을 보게 되고 알게 되면 그동안 쌓여 있던 감정이 녹아내리면서 혐오도 함께 사라진다. 그도 알고 보면 나와 같은 사람이라는 인식이 생기고 적대시할 필요가 없다는 걸 느끼기 때문이다.

미움은 감정과 생각을 분리해야 하는 또 다른 예가 된다. 교사 생활을 오래 하다 보면 특정 부류의 아이들에게 편견을 갖게 된다. 그 아이들은 교사가 말할 때 잘 듣지 못하고 자기 생각대로 말하거나 행동하여 교사의 지시를 어기는 경우가 종종 있다. 게다가 공부를 잘하지 못하고 수업 시간에 집중하는 경우가 별로 없다. 그래서 더 자주 혼나고 자신에 대해 부정적인 생각과 경험은 더 강해진다. 그러면 교사의 눈 밖에 나고 잘못을 지적하는 걸 넘어서 미움의 감정으로 발전하게 된다.

담임이었을 때 수업 시간에 교사의 지적을 받은 학생 이름을 적어 내게 하는 제도를 운영한 적이 있다. 수업이 너무 산만해져서 아이들에게 어떻게 하면 좋을지를 물어서 나온 여러 안 중에서 투표로 정한 제도이다. 그런데 어느 날 아이들이 한 아이가 그날 5번 지적받았다며 말해줬다. 체육 시간에만 2번 받은 것이다. 그 아이는 전날에도 벌칙으로 청소했고 며칠 전에도 벌칙 청소를 했다. 아이가 억울하다고 해서 사정을 들어보니 체육 선생님이 다른 날에는 지적하지 않는데 그날따라 자기만 지적했다고 말했다. 아무래도 그 아이의 평소 행동이 미운털이 되지 않았나 싶었다. 교사가 말할 때 듣지 않고 다른 걸 하고 있거나 다른 생각을 해서 물어보면 모른다고 하는 경우가 많던 아이였다. 그러니 체육 선생님이 평소 얼마나 그 아이로 인해 스트레스를 받았는지 짐작이 갔다. 반면에 그 아이도 받은 스트레스가 만만치 않을 것 같아서 측은했다. 자기만 지적하고 혼내는 그 상황이 이해가 되지 않았을 것이다. 물론 아이는 자신을 중심으로 상황을 해석하는 자기중심성이 강하기 때문에 그 말을 그대로 믿을 수는 없지만 그 아이가 가진 감정에 대한 연민은 어쩔 수 없었다.

그 어떤 교사도 특정 아이를 미워한다고는 생각지 않을 것이다. 다만 그 아이와의 관계가 불편해서 친근하게 대하지 않고 거리를 두는 것이고 그 아이가 자꾸 눈 밖에 벗어나는 행동을 하니 지적을 자주 하게 되는 것일 뿐이라고 말한다.

하지만 스스로 잘 들여다보면 미움이 조금도 없는 건 아닐 것이다. 증오로 발전하지는 않았지만 다른 학생에 비해 유달리 미워 보이는 건 사실이다. 관계가 틀어진 아이가 속한 반에 들어가는 것도 은근히 스트레스이다. 그 아이를 무시하면 좋겠는데 그러지 못할 때 어떻게 해야 할지 두려움과 걱정이 앞선다. 그런 상태에서는 머피의 법칙처럼 걱정했던 바대로 그 아이로 인해 마음 고생하기 일쑤다. 그래서 무기력이 쌓이고 방학이 오기만을 기다린다. 미움을 잘 다룬다는 것은 참으로 어려운 일이다.

누군가를 미워하면서도 계속 봐야 할 때 우리는 미움을 적극적으로 표출하거나 감추는 방법을 사용한다. 이것은 공격과 방어 기제로 생명체라면 무엇이든 취하는 가장 기본적인 방식이다. 하지만 우리는 이러한 방식을 뛰어넘는 삶을 살 수 있다. 감정과 생각을 분리하기 위해서 스스로에게 질문을 해보자. 다음의 대화는 나 자신에게 묻고 답하는 독백의 대화이다.

질문: 왜 미워하는가?

답변: 교사인 내 지시를 어기면서도 별로 반성하지 않고 행동이 바뀌지 않기 때문이다.

질문: 그러면 그 아이는 왜 그럴까?

답변: 글쎄, 그 아이가 아니라서 잘 모르지만 아마도 잘 몰라서 수업에 참여하기가 힘들고 그렇다고 조용하게 있는 성격이 아니라서 그럴 것이다.

질문: 그럼 다시 처음 질문으로 돌아간다. 왜 미워하는가?

답변: 응? 아까 대답했는데…

질문: 지시 사항을 어기는 이유가 잘 모르고 참여하기가 어려운 것이라면 그것이 미워할 이유가 되는가?

답변: 그것은 이유가 되지 않지만 그 아이가 그 이유만으로 수업에서 떠드는 것 같지는 않다. 모둠활동도 잘 안 하고 내 눈치를 자꾸만 보는 것이 싫다.

질문: 그러면 어떻게 하길 바라는가?

답변: 수업에 참여하기를 바랄 뿐이다. 잘 몰라도 옆 친구에게 물어가면서 할 수 있는데 그것조차 하지 않는다.

질문: 혹시 본인은 잘 못 하는 상황에 부닥쳐본 적이 있는가?

답변: 물론 있다.

질문: 그때는 어땠는가?

답변: 내가 잘 못 한다는 게 싫었다. 주변을 보면 다들 나보다 잘하는 것 같고, 나만 못하는 것 같았다. 열심히 해보지만 잘 안 되는 나를 자꾸 보게 되는 상황이 싫었다.

질문: 그런 상황에서 어떻게 했는가? 혹시 다른 사람에게 물어보며 했는가?

답변: 잘 물어보지 못했다. 물어보면 왠지 부족해 보이는 것 같아서. 하지만 물어볼 때도 있었다.

질문: 그러면 그 당시의 감정을 아이에게 대입해보자. 그 아이는 어떤 심정일까?

답변: 아마 나와 비슷한 심정일 것이다. 열등감도 느낄 것이고 잘되지 않아 좌절도 느꼈을 것이다.

질문: 그런 느낌이 싫다면 그 상황을 피하거나 이겨내는 방식이 있을 텐데, 그 아이의 상태는 어떠할까?

답변: 그 아이는 이런 좌절이 반복되어서 극복하지 못하는 상태에까지 갔을지도 모르겠다. 그런데 내가 계속 해보라고 하니 스트레스를 받았을 수 있을 것 같다.

질문: 지금 심정은 어떤가?

답변: 미워한 마음을 갖는 게 미안해진다. 먼저 그 아이를 이해하

지 못한 것이 아쉽다.

질문: 그러면 그 아이에게 다가갈 수 있는가?

답변: 그건 어렵다. 설사 그 아이를 이해한다고 해도 내가 뭘 해줄 수 있는가에 대해 자신이 없고 수업을 하다가 다시 떠드는 그 아이를 그냥 보고 있을 수 없는 것도 걸린다.

질문: 그 아이를 미워하지는 않는다면 어떻게 그 아이를 도와줄 수 있을까?

답변: 굳이 도와줘야 할까? 그 아이는 배우려고 하지 않는다. 그런 아이를 어떻게 도와줄 수 있는가?

질문: 여전히 미움이 있다고 본다. 왜 미워하는가?

답변: 내가 미워한다고? 음… 그런 것 같다. 아마도 나를 무시하기 때문이다.

질문: 무시했다면 뭘 무시했다는 것인가?

답변: 교사라는 내 역할을 무시했다. 내가 어떤 지시를 줬을 때 하려고 하지 않는다. 그건 내 자존심을 상하게 한다. 나를 쓸모없는 존재로 만드는 것이다.

질문: 지시를 어긴 것이 고의라고 생각하는가?

답변: 고의는 아닐 것이다. 일부러 나를 기분 나쁘게 만들 의도는 없어 보였다. 단지 하기 싫어하는 태도가 몸에 배어 있다고 본다.

질문: 자존심이 상했다고 했는데, 어떻게 상했는가?

답변: 내 의견과 생각을 존중하지 않아서 상했다. 교사로서 잘 배우는 방법과 단계라고 생각해서 지시를 한 것인데, 다른 의견이 있는 것도 아니고 그냥 내가 말한 것을 듣지 않으니까 내가 거부당한 듯했다.

질문: 그것도 고의로 하지 않은 것이라면 그렇게까지 자존심이 상할 필요가 없지 않을까? 아니, 자존심이 상했더라도 휘둘리지 말고 스스로 존중하고 아끼는 마음을 유지할 수는 없는가?

답변: 그러고 보니 그 아이로 인해 자존심이 상했다고 생각했고 그래서 상처받았다고 확신한 부분이 크다. 사실 그 아이가 어떻게 하더라도 내 인격을 보호하고 스스로 사랑하는 마음을 놓지 말았어야 한다고 생각한다. 나는 내 뜻대로 되지 않을 때 화를 내는데 그럴 때 보면 나를 무시한 것에 대한 보복을 하는 것 같다. 내가 아이들의 반응에 영향을 크게 받고 무시당해서 자존심이 상했다고 무의식적으로 강하게 믿기 때문에 자꾸 그런 반응을 하는 것 같다. 내가 심리적으로 안정되어 있을 때는 별로 그러지 않는데 몸이 피곤하거나 강하게 통제하려는 내 의도가 통하지 않을 때 당황하면서 더 강하게 밀어붙이는 것 같다. 그때는 한 발짝 물러나서 내 마음을 잘 살펴봐야겠다.

미움의 마음을 용서로 바꾸려면 무엇보다 자신의 마음을 잘 살펴야 한다. 그래서 그 안에 어떠한 생각이나 신념, 믿음이 작동하는지 알아차려야 한다. 무엇보다 스스로 사랑하는 마음을 놓지 않는 것이 가장 중요하다. 국제적 분쟁을 조정하는 일을 하면서 존엄을 연구해온 도나 힉스는 27년 동안 감옥에 갇혀 있다가 풀려난 넬슨 만델라 이야기를 통해서 인간을 존중하는 마음의 중요성을 말한다. 넬슨 만델라는 감옥에서 풀려난 직후에 자신을 가둔 백인들을 미워하지 않는다고 말함으로써 인종차별 정책인 아파르트헤이트를 철폐시키는 데 성공한다. 그가 가진 인간에 대한 신뢰와 존중은 적이 아닌 동지로 서로를 바라보게 했고 무한한 가능성을 가진 인간으로 서로를 인식하도록 이끌었다. 그를 모욕했고 박해했던 자들을 용서하고 미워하지 않는 것이 가능한 이유는 무엇인가? 넬슨 만델라는 다음과 같이 말했다.

누구도 피부색이나 종교를 이유로 다른 사람을 증오하도록 태어나지 않았습니다. 사람들은 증오하는 법을 습득합니다. 만약 증오하는 법을 습득할 수 있다면 사랑하는 법 또한 배울 수 있을 것입니다. 사랑은 그 반대의 것보다 인간의 마음에 더 자연스럽게 다가오기 때문입니다. 나를 비롯한 동지들을 한계로 내몰던 감옥 안에서 가장 가혹한 시기를 보낼 때에도 나는 교도관 중 한 사람에게서 인간성이 희미하게 빛나는 것을 보았고 그것은 아주 잠시였겠지만 내가 자신감을 갖고 버텨 나가게 해 주기에 충분했습니다. 인간의 선량함은 덮어서 가릴 수는 있어도 결코 꺼지지 않는 불꽃입니다. [3]

우리는 선량함을 볼 때보다 보지 못할 때가 더 많다. 타인에게서도 그렇고 우리 자신에게서도 그렇다. 그래서 우리는 선량함을 볼 수 있다는 말에 쉽게 동의하기 어려워한다. 미움의 털이 박힌 사람에게서 선량함을 볼 수 있다는 건 더더욱 어렵다. 하지만 그것은 우리가 그렇게 해석하고 그렇게 믿기 때문일지도 모른다. '저 사람에게서는 선량함을 절대로 볼 수 없어.', '내가 착하다고 하지만 나를 잘 알게 되면 그런 소리는 못 할 거야.' 등등의 말은 믿음과 기대의 말이 되어서 피그말리온 효과처럼 내적 예언력을 갖게 된다. 즉 그렇게 믿으면 그렇게 된다는 뜻이다.

우리는 타인의 기대에 맞춰 행동하려는 경향이 있다. 나를 착하다고 하면서 존중해주면 그 기대에 맞게 선하게 살려고 한다. 반면 나를 못된 사람으로 보고 야단치면 더욱 그렇게 행동

3 도나 힉스(2013), 『관계를 치유하는 힘, 존엄』, 박현주 역, 검둥소, p. 107.

하려고 한다. 그 사람이 속상할만한 것을 더 해서 보복하려는 의도이지만 결국 자신에게도 부정적인 영향을 주는 격이다. 자신에 대한 좋지 않은 이미지가 더욱 굳어져서 그 이미지에 맞지 않는 착하고 선한 행동은 어색하고 불편해한다. 상대방이 자신의 부정적 행동을 거부하면 오히려 이렇게 생각한다. '거봐, 역시 나는 별로 좋지 않은 사람이야. 내가 거부당하는 건 처음부터 예정된 거라고. 두고 봐. 나에게 다가오는 사람들은 다 나를 떠날 거야.' 이렇게 부정적인 신념이 점점 굳어진다.

내적 예언력을 생각해볼 때 눈에 보이지 않더라도 믿음을 갖고 나를 존귀하게 대하는 것이 필요하다. 선함은 행실에서 나오는 것이지만 그 행실은 내적 동기를 가질 때 행할 수 있고 그 동기는 자신에게 긍정의 에너지를 주는 믿음과 존중을 받을 때 생긴다. 따라서 지금 그렇게 보이지 않더라도 선함을 믿고 좋은 기대를 하면 좋은 결실로 나타날 수 있다.

그리고 그런 기대를 할 수 있는 이유는 막연한 것이 아니다. 인간은 누구나 선함을 추구한다. 가슴 뿌듯하게 살고 싶어 한다. 누군가를 도와주고 보람을 느끼고 싶어 한다. 그런 욕구는 보편적이라서 겉으로는 전혀 그렇게 보이지 않더라도 갖고 있음을 인식해야 한다. 눈에 보이지 않지만 그런 욕구가 있음을 아는 것이 믿음이다. 우리에게는 그런 믿음이 요구된다.

지금까지 감정에 밀착되어 있는 생각이 무엇인지 몇 가지 감정을 위주로 살펴보았다. 얼핏 감정과 생각을 분리하는 것은 우리가 감정적이 되지 말고 이성적이 되어야 한다는 뜻으로 생각할 수 있다. 이성적으로 생각하면 감정을 통제할 수 있고 감정 안에 들어있는 생각을 논리적으로 유추할 수 있다고 생각하게 된다. 하지만 이성과 감정을 분리하는 것은 자칫 너무도 쉬운 통념, 즉 객관과 주관의 틀로 빠질 수 있다. 다음 장에서는 이성과 감정의 이분법을 객관과 주관의 이분법으로 바라보는 것의 문제점에 대해서 논해보겠다.

이성과 감정

우리는 보통 이성과 감정을 분리해서 생각한다. 이성적으로 생각하는 게 감정적이 되는 것보다 훨씬 더 좋다는 것에 대부분 동의한다. 사실 감정적이 된다는 말은 감정에 충실해서 상식적인 선을 넘어서는 경우를 뜻한다. 물건을 마구 집어던지며 소리 지를 정도로 화를 낸다든지 질투심에 나중 되면 부끄러울 말을 한다든지 하는 것은 감정에 치우친 모습이다. 반면에 이성적이란 말은 감정을 드러내지 않고 냉철한 사고를 동원하여 논리적으로 말하며 원인과 결과를 잘 따져서 문제를 분석하고 합리적인 대안을 도출하는 사고의 힘을 강조하는 단어이다.

이성과 감정을 분리해서 보는 관점에는 객관과 주관도 등장한다. 사람들은 이성은 객관적이고 감정은 주관적이라고 생각한다. 주관은 개인적인 것이라서 여러 사람에게 적용될 수 없다. 반면 객관은 주관을 벗어나 있기 때문에 일반적이고 보편적이다. 누구나 그렇다고 인정할 수 있는 것이 객관이기 때문에 주관보다는 객관이 더 선호되는 편이다. 지금은 선택형으로 바뀐 객관식 유형이 서술형으로 바뀐 주관식보다 더 선호되는 것과 비슷하다. 시험 유형을 객관식과 주관식으로 나눈 기준이 뭘까 의아스럽지만 잠시 생각해보면 그건 평가자의 시각을 담은 것임을 알 수 있다. 객관식은 누구나 인정하는 정답을 명확하게 선택해야 하는 반면, 주관식은 지식을 적더라도 푸는 사람의 개인적 생각이 담길 수 있어서 그것을 누구나 인정할 수 있게 평가하는 것이 어렵다는 것을 뜻한다고 볼 수 있다.

하지만 객관과 주관을 얼마나 명확하게 나눌 수 있을까? 객관이라는 것은 과연 누구나 인정할 수 있는 것일까? 객관에서 말하는 '누구나'의 범위는 어디까지로 볼 수 있는가? 이를테면 과학적 발견에 대한 지식이나 역사적 사실은 객관의 범위 - 그것을 그대로 인정하는 사람들의 수 - 가 커서 그것과 다른 것은 틀리다고 말한다. 하지만 그렇다고 그것이 절대적인 지식은 아니다. 과학의 지식은 다른 관점에서 바라볼 때 기존 것이 흔들리기 마련이고 역사적 사실은 보는 관점에 따라 인과관계나 맥락이 바뀔 수 있다. 그런 의미에서 객관은 그것을 인정하는 세력과 힘으로 규정할 수 있다. 객관의 힘이 강할수록 개인의 의견은 주관적이며 편협한 것으로 취급되고 객관을 오염시키는 유해물질 정도로 바라본다. 또한, 객관의 힘이 강할수록 사회는 경직되며 권력은 강해져서 가진 자들의 천국이 되고 소수가 다수를 지배하는 봉건사회로 회귀될 수 있다. 그렇지만 객관이 강해지면 그것을 벗어나고 싶은 마음에 주관으로 기울게 되고 그렇다고 너무 주관적이 되면 객관으로 다시 기운다. 어찌 보면 객관과 주관은 대립되는 것처럼 보이지만 서로를 필요로 하는 것인지 모른다.

객관의 또 다른 의미는 자신을 벗어나 타인의 눈으로 바라보는 것이다. 우리는 자신을 벗어나기가 무척 어렵다. 어떻게 하더라도 우리는 자기 중심성을 기반으로 생각하고 행동한다. 하지만 그럴 경우 사고는 경직되고 자기주장이 강해져서 소통이 어려워지며 배움은 매우 드물게 된다. 이때 객관은 매우 유익하며 우리를 성장시키는 도구가 된다. 하지만 그렇다고 자기 주관성을 완전히 버릴 수는 없다. 그러면 개인의 고유한 인격이 타인의 판단과 사회문화적 신념 등으로 인해 뭉개질 수 있다. 우리에게는 자기 주관성을 바탕으로 하되 스스로를 타인처럼 바라보는 메타인지가 필요하다. 그 메타인지가 우리의 주관을 자극하고 성장하도록 만드는 객관의 역할을 할 수 있다.

객관과 주관이 상호작용하는 것이 건강한 것과 마찬가지로 이성과 감정은 인격을 이루는 주요한 요소이기 때문에 어느 하나를 강조하는 것은 상황이나 맥락에 의한 것일 뿐 어느 것이 절대적인 우위를 가질 수는 없다. 이성도 중요하지만 감정도 중요하다는 뜻이다.

또한, 이성과 감정은 분리된 객체가 아니다. 이 둘은 섞여 있다. 아니 구분하기 어려울 정도로 하나이다. 뇌 과학에 따르면 이성을 관장하는 전두엽과 감정을 주관하는 변연계는 서로 의사소통하는데 때로는 전두엽이, 때로는 변연계가 소통을 통제하기도 한다. 그래서 우리는 이성에 치우치거나 감정에 치우치게 된다. 이 둘은 서로 분리되어 있는 것처럼 보이지만 모두 하나의 뇌이다. 잘 생각해보면 우리는 뇌의 어떤 영역이 이성 또는 감정을 관장하는지 과학자의 연구를 통해 알 수 있을 뿐이지 직접 느끼는 것은 아니다. 우리가 느끼는 것은 그냥 떠오르는 생각과 몸의 반응일 뿐이다.

이런 점에서 이성과 감정을 구분해서 생각하는 것은 매우 통념적일 뿐이다. 이성적이라고 판단해도 편협한 논리와 공격적인 말투로 할 수도 있고 감정적이지만 따뜻하고 온정적인 태도일 수도 있다. 게다가 이성적이면 좋고 감정적이면 나쁘다는 이분법도 사실 삶에서는 옳지 않은 경우가 허다하다. 예를 들어, 상대가 슬픔이 북받쳐 울면서 그동안 힘들었다고 속마음을 말하는 상황에서 이성적으로 냉철하게 감정을 가라앉히고 대화하자고 하면 그건 오히려 그 상황에서 생긴 자신의 감정을 억누르는 것이고 상대의 마음을 받아들이지 않겠다는 의도로 해석된다. 이성으로 감정을 누르면 경직되고 차갑다는 느낌을 줄 뿐만 아니라 자신의 감정을 부인한 결과 정신이 건강하지 않을 수 있다. 경기에 이겨 승리의 기쁨에 도취해 있는 팀이 지는 팀의 마음을 헤아리지 못하고 승리자로 군림하려 할 때 기쁨은 갈등의 도화선이 된다. 아이들은 자기 팀이 지면 이긴 팀을 미워해서 그들의 자랑을 공격으로 여기기도 한다. 감정에 취해서 이성이 마비되는 경우다. 하지만 이런 감정적 경험이 오히려 타인의 입장을 생각할 때 공감을 잘 불러일으켜서 금방 상대방을 이해할 수 있게 한다. 감정이기에 오히려 쉽게 공감으로 전환될 수 있는 것이다.

우리는 이성적으로 말하다가도 언제든 감정적으로 바뀌는 경우를 자주 본다. 학교에서 아이들을 대하다 보면 말이 통하지 않고 자기주장만 펼치는 아이들이 있어서 답답한 경우가 가끔 있다. 근데 이것은 어른들에게도 마찬가지다. 자신의 자존심이 상했을 경우 결코 이성적이고 논리적인 대화는 통하지 않는다. 상대방을 누르고 자신의 우월함을 증명이라도 하려는 듯 욕을 하며 깔보는 투의 언어를 사용하는 사람들에게 이성적으로 대하기는 힘들다. 학교에서 그런 동료 교사나 관리자 또는 학부모를 만났을 때 겉으로는 최대한 이성적으로 대한다고 하더라도 속으로는 감정의 소용돌이에 휩싸인다. 일례로 학교에서 자신의 아이만 변호하는 학부모에게 교사는 속수무책이다. 이들을 논리적으로 설득하려는 시도는 아무 소용도 없다. 그저 공감해주고 속상했음을 인정해주면서 교육에 초점을 두자고 다독이는 수밖에 없다. 가장 강한 것이 감정일 경우, 감정을 잘 읽어주고 다루어주면 의외로 문제가 잘 풀리기 때문이다.

잘 살펴보면 이성은 감정의 도구에 불과한 경우가 많다. 감정적으로 긍정적인 태도를 유지하고 있으면 이성도 거기에 맞춰서 합리적이고 사려 깊은 언어와 행동을 한다. 반면 부정적인 감정 상태이면 이성은 상대를 비난하고 공격하기 위한 근거를 열심히 찾아 상대방을 논리적으로 누르려고 한다. 교사로서 아이들에게 화가 날 때 나는 종종 이렇게 된다. 어떤 학생이 수업 시간에 자꾸 다른 친구와 이야기하는 것이 보여서 약간 큰소리를 내면서 훈계를 했다. 그런데 그 애가 자기는 별말 하지 않았고 오히려 다른 애가 더 많이 말을 했다고 했다. 그럴 때 나는 그 아이의 말을 거짓으로 규정하고 내가 본 것들을 최대한 논리정연하게 설명하고 제시하여 그 아이를 꼼짝 못 하게 만든다. 하지만 동원되는 모든 논리는 내가 맞고 네가 틀렸다는 식의 강압으로 변하고, 아이가 반박하지 못하도록 대는 근거와 이유는 아이의 감정을 다치게 하고 관계에 금이 가게 만든다. 때로는 아이가 상처받고 있음을 뻔히 눈으로 보고 있어도 멈추지 않을 때가 있다. 내가 이기고 있는 상황이기 때문이다.

만약에 이성이 충분히 논리적이지 못하고 설득력이 떨어지더라도 별거 아니란 듯이 눈감아버리는 예도 있다. 이것은 TV토론회에서 자주 보이는 현상이다. 상대방의 지적에 말도 안 되는 논리로 대응하거나 그냥 우겨버리고 시간을 다 써버리는 경우를 종종 본다. 노무현 대통령 탄핵을 둘러싼 토론에서는 대통령이 상업고등학교를 나왔다며 미숙아에 비유하기도 했다. 시위 현장에서 사망자가 나오더라도 시위가 무슨 대단한 대역죄라도 되는 것처럼 살인적인 진압을 한 경찰을 잘했다고 옹호하는 이들의 이성은 분명 엄청난 힘으로 작동하고 있었을 것이다. 진실을 파묻고 그 이유를 따져 묻는 사람들에게 빨갱이라는 딱지를 붙이고 적대시하는 데 이성은 총동원되었다. 이들이 그러는 동안 사회 속에서 비판적 의식은 사라지고 시키는 대로 하는 사람들은 승승장구했다. 소위 일류대 출신들이 앞장서서 정권을 비호하며 온갖 논리로 사람들을 설득하려 했다. 하지만 결국 드러난 진실은 추악했다. 그런 일련의 사태들을 보면서 한국 교육이 강조해온 지식과 이성이 과연 무엇인가에 대한 회의가 든다. 그들의 이성은 합리적 사고라기보다 합리화에 불과했다. 4대강 사업을 합리화했고 박정희 군사 쿠데타를 합리화했으며 광주 학살을 합리화했다. 정권의 입맛에 맞춘 자들이 역사교과서의 국정화를 추진했고 돈과 권력을 향한 욕망들이 모여들어서 역사를 거스르려 하였다.

내 생각엔 학교 조직도 이와 비슷하다. 교장의 권력이 너무 강해서 몽니를 부리는 상황에서 그에 대항하는 정의는 잘 나타나지 않을 뿐 아니라 있던 정의감도 쉽게 사라지기 일쑤다. 물론 지금은 민주화가 많이 진행되어 교장이 권한을 내려놓기 시작했지만, 아직도 과거의 관행적 습속은 여전히 비민주적 학교 행태를 유지하고 있다. 옳지 않음에 대해 이성은 철저히 도구로 전락해버렸기 때문이다. 이성이 도구화되면 이성의 힘보다는 감정의 힘이 강해지기 마련이다. 비민주적인 환경에서는 합의보다는 명령에 의해 질서가 세워지고 억압자와 피억압자의 구분이 명확해지며 그로 인해 구성원들은 존중받지 못하고 시키는 것을 거부하지 못하며 점차로 몸과 마음이 분리되어 간다. 자연스럽게 감정은 부정적으로 바뀌고 두려움과 분노 사이를 왔다 갔다 하면서 에너지를 소비한다. 감정적인 에너지 소비가 많으면 많을수록 스트레스는 커지고 기운은 다 빠진다. 학교가 행복의 공간이 되지 못하는 이유는 바로 여기에 있다.

지금은 감정을 이성보다 우위에 두고 감정에 호소하는 시대가 되었다. 온갖 매체의 광고들은 이성보다는 욕망을 부추기는 감정적 자극들을 선호한다. 감정이 좋다고 판단하면 합리적 근거를 댈 필요도 없이 구매하는 충동구매가 점점 늘어나고 있다. 화가 나면 울분을 참지 못하는 감정조절장애 행동을 하는 사람들이 많아지고 있다. 온갖 욕설을 듣고도 손님들의 비위를 맞춰야 하는 감정노동자들의 호소가 신문의 지면을 차지하게 되었다. 학교에서는 기분이 나쁘다고 신고하는 학생들이 많아지고, 내 아이를 왜 꾸짖었냐고 따지고 드는 학부모를 종종 접하고, 동료 간 감정적으로 대립할까 봐 의견을 잘 내지 않고 시키는 것만 하며 교육적인 대화는 거의 하지 않는 교직 풍토가 굳어지고 있다.

이성보다 감정이 앞서고 그걸 더 중시하는 시대라 할지라도 교육에서는 이성과 감정을 둘 다 봐야 한다. 이성을 더 중요시하는 시대에서 감성이 더 부각되는 시대로 변화되었지만 그럼에도 불구하고 우리는 이성과 감정을 둘 다 보면서 균형을 잃지 않아야 한다. 그동안 이성의 역할을 더 강조하면서도 감정을 잘 다루지 못했기 때문에 발생하는 여러 문제들이 있었다. 위에서 언급한 것처럼 자신의 감정적인 분노나 시기를 위해 이성을 사용하여 상대를 비난하고 공격하는 경우는 이성이 감정의 도구가 된 것이다.

반면, 이성은 감정을 통제하고 폭주하지 못하게 조절하는 역할을 한다. 그것은 감정의 폭주가 갖고 올 손해나 위험을 예상할 때 가장 잘 나타난다. 예를 들어, 누군가를 좋아하게 돼서 고백했을 때 거절당하고 수치를 당할 수 있음을 예상하면 좋아하는 감정을 자제하게 된다. 엄청나게 화가 나서 상대방을 때리고 싶지만 참는 것은 그렇게 행동하면 손해를 배상해야 하거나 폭력에 대한 처벌을 받을 수 있다는 생각 덕분이다.

이성이 감정을 통제하는 방식에는 막아서고 위험을 경고하는 것도 있지만 감정을 잘 살펴보고 감정의 에너지를 이해하는 방식도 있다. 감정을 이성적으로 본다는 것은 왜 그런 감정이 들었는지 곰곰이 생각해보는 것이다. 생각하다 보면 감정을 둘러싼 스토리가 나온다. 전후 맥락뿐 아니라 자신의 과거 경험 속 트라우마와 그로부터 발생한 신념, 그 속에서 활동하는 온갖 생각들의 작동 방식을 볼 수 있다. 그 모든 것을 다 봐야 감정을 조절할 수 있다는 것은 아니지만 적어도 감정과 섞여 있는 신념 및 사고를 분리할 수 있다면 감정을 이해하는 데 훨씬 수월할 것이다.

두려움의 감정을 생각해보자. 두려움은 인류가 온갖 위험으로부터 자신을 보호하는 데 탁월한 기능을 해왔다. 두려움이 있으므로 경각심을 갖고 미연의 사태에 대비할 수 있었다. 하지만 두려움으로 인해 용기를 잃고 자기 안에 갇힐 수도 있다. 두려움은 감정과 사고를 패턴 속에 빠뜨리고 구해주지 않는다. 두려움은 몸을 긴장 상태로 만들기 때문에 부정적인 생각과 감정이 우리도 모르는 사이에 차오른다. 어느덧 그 생각과 감정은 하나가 되어 우리를 부정성의 덫에 가두어 둔다.

임용 시험이 생각난다. 졸업할 때 시험을 봤지만 낙방했고 대신 군대에 갔다. 군대 제대할 즈음에 열심히 공부해서 봤지만 역시나 떨어졌다. 제대 후 대학원 시험을 몇 번 봤는데 그것도 다 떨어졌다. 기간제 교사를 하다가 마지막 한 번만 보자는 생각으로 노량진 고시촌을 찾았다. 진짜 열심히 공부했다. 시험 전날, 일찍 자야겠다는 생각으로 자리에 누웠지만 잠이 오지 않았다. 긴장되는 상황이 이어지면서 새벽 3시가 넘어서야 잠자리에 들었다. 시험을 보는데도 긴장은 계속되었고 엉덩이가 무척 아팠다. 마른 체형이라 오랫동안 앉아 있으면 아프기도 하겠지만 시험 시작 후 30분부터 그랬으니 단순히 살이 없어

뼈가 아프다는 설명은 설득력이 떨어진다. 그보다는 낙방에 대한 경험이 두려움이 되었고 그것이 계속 나를 불안으로 몰고 간 게 아닌가 싶다. 공부하면서도 붙는 것을 상상하기보다 떨어지면 어쩌지 하는 걱정이 앞섰다. 시험에 대한 불안은 미래를 걱정하게 했고 다시 불안으로 되돌아오는 순환이 반복되었다. 걱정과 불안의 악순환을 이겨내는 싸움을 계속해야 했다. 자신감은 시험 보는 당일에도 없었다. 문제가 쉽게 나와서 시간이 남았고 떨어져도 후회 없다는 쾌감이 들었기 망정이지 그렇지 않았으면 시험 후에는 자신감과 의욕 둘 다 잃고 우울증에 걸릴지도 모를 일이었다.

시험 불안만이 아니다. 사람과의 관계에서 갈등이 생기면 그걸로 긴장하고 불안해한다. 머릿속에는 이미 그 사람과 언쟁을 하고 있고 수많은 논리가 떠오르며 나를 방어하고 상대방을 공격하고 있다. 그 사람하고 마주치는 걸 피하고 다른 사람들도 나를 싫어하겠지 하며 마음의 문을 닫는다. 그 누구와도 자연스럽게 이야기하는 걸 꺼리게 되고 속에서는 고슴도치처럼 털을 세우며 긴장하고 있다. 거부감이 올라오면서 불안과 두려움에 갇혀 버리고 만다. 누군가가 내 편이 되어주면 방어벽을 낮추고 열린 마음으로 대할 수 있지만 그런 낌새가 없으면 긴장을 풀기란 어려운 일이다.

두려움이라는 감정을 살펴보자. 우리는 무엇을 두려워하는가? 언뜻 생각이 나지 않을 때는 몸의 에너지를 살피는 것부터 시작하면 좋다. 하고 싶은 일을 하고 하는가? 그렇지 않고 자꾸 귀찮아서 뒤로 미루고 있는가? 해야 할 일이 떠오를 때 바로 시행하는가? 아니면 나중으로 미루는가? 나중으로 미루는 것은 몸에 그것을 할 만큼의 에너지가 없기 때문이다. 설사 에너지가 있더라도 뇌에서는 안주하는 쪽을 선택한다. 새로움이 가져다주는 신선함을 피하고 과거의 패턴에 안주하면서 새로움을 위한 에너지 생성이 필요 없다는 메시지를 만든다. 새롭게 생성될 수 있는 에너지는 이렇게 쉽게 사라진다.

미루기는 전형적인 두려움과 연결되어 있다. 과연 잘할 수 있을까? 실수하고 비난받으면 어떡하지? 중간에 잘 못 해서 창피할 것 같은데, 그래도 해야 하나? 좋은 점수를 받지 못할 바에야 차라리 하지 않는 게 나을지도 몰라. 어차피 나는 잘 못할 테니까. 아무 생각도 나지 않아. 난 바보인가 봐. 아무리 해도 저 친구를 따라잡지 못할 거야. 그러니 잘해서 뭐하겠어? 이런 생각들이 머리를 떠나지 않고 잠식할 때 에너지가 소멸해 버린다.

잘 생각해보면 의식적이든 무의식적이든 우리는 항상 앞일을 걱정하고 있다. 과거의 경험을 끊임없이 떠올리면서 안 될 것을 예상한다. 아직 오지도 않았는데 두려움에 사로잡힌다. 하지만 과거의 경험은 미래를 준비할 때 도움이 된다. 실수를 반복하지 않고 실패한 방식대로 하지 않도록 해주니까. 또한, 미래는 과거와 다르다. 미래는 오지 않았기 때문에 절대로 알 수 없다. 예측은 가능하지만 예측대로 되리란 보장이 없다. 과거에 사로잡혀 미래를 걱정하는 것은 어리석은 일이다.

우리는 지금을 산다. 과거에도 미래에도 우리의 삶은 없다. 경험은 기억 속에 존재하는 것이며 미래는 미지의 세계이다. 지금만이 내가 사는 시간이고 공간이다. 그리고 지금은 우리 앞에 활짝 열려 있다. 어떻게 살아가느냐에 따라 우리의 미래는 달라질 수 있다. 이러한 인식은 우리가 두려움의 본능을 떨쳐버리는 데 도움을 준다. 두려움은 우리로 하여금 공격 또는 방어의 본능에 매달리게 한다. 마치 그것 외에는 아무것도 없는 것처럼 인식하도록 한다. 그러나 지금 이곳에 집중한다면 두려움이 가져다주는 공포를 극복할 수 있다. 지금은 예전과는 다르니까. 설사 같은 자극들이 오더라도 나는 지금 여기에서 다르게 반응할 수 있고 다른 삶을 만들 수 있다.

두려움을 느낄 때 우리는 이성적으로 생각한다. 별거 아닐 거야. 곧 지나갈 거야. 하지만 이것은 이성이 아니다. 단지 겁먹은 두려움의 소리일 뿐이다. 이성은 감정을 이해하고 들여다

보는 역할을 해야 한다. '과거에 잘 안 된 일로 인해 두려워하는구나. 그때는 정말 힘들었지. 당시 상황은 내가 뭘 해보려고 해도 잘 안 되는 거였어. 도와주는 사람이 아무도 없다고 생각했지. 지나고 보니까 곁에서 나를 응원해주는 사람이 있었는데 나는 그걸 알아채지 못한 거지. 그때는 내가 혼자라고 생각했고 외로움과 고립감에 힘들었잖아. 그건 아마도 내가 방어적으로 웅크렸기 때문일 거야. 하지만 지금이 그 당시와 같은 상황인가? 상황은 그냥 오는 것이 아니라 내가 만들 수 있는 거야. 이번 상황에서 내가 할 수 있는 것은 무엇인지 찾아보자.' 두려움을 극복하는 것은 행동할 때 시작된다.

그런데 행동하고 나서도 두려움은 여전히 남아 자꾸 주눅 들게 하고 움츠러들게 한다. 도저히 행동에 옮길 엄두가 나지 않을 때도 있다. 그럴 때는 어떻게 하면 좋을까? 자신을 못났다 자책하는 것은 아무런 도움이 되지 않고 그렇다고 누군가를 비난하고 죄책감을 투사하는 것은 오히려 관계를 악화시키고 상황을 더 꼬이게 할 뿐이다. 다음 장에서 논의해보자.

Part 02

감정 다루기

이 감정이 무엇인지, 어떤 자극에 대한 반응인지 발견하는 일

누구나 한 번쯤은 몸이 떨릴 정도의 분노나 터질 듯한 슬픔이나 심각할 정도로 타격이 큰 좌절을 겪어본 일이 있을 것이다. 그렇게 순식간에 부풀어 오르는 감정을 겪고 나면 그 후유증 또한 만만치 않다.

한창 교회에서 고등부 교사로 봉사할 때이다. 찬양팀 지도교사를 하면서 예배 찬양을 인도했다. 당시 열정이 상당했고 음악적 감각도 생기면서 노래를 만들고 그 곡으로 예배 시간에 부르던 시기였다. 마치 콘서트장에서 가수가 노래를 리드해가며 부르는 것과 흡사했다. 앞에서 인도하면 회중은 모두 같이 불렀다. 거기에 내가 직접 만든 노래까지 불렀으니 거의 생애 최고의 순간이라고 해도 지나치지 않았다. 그러던 중, 어떤 아이가 지나가는 말로 '선생님, 너무 자기 곡만 부르는 거 아니에요?'라고 했다. 다들 알고 있었지만 나만 모르는 한 가지, 그것은 예배 시간에 다 같이 부를 수 있는 노래를 선택해야 했는데 내가 만든 노래를 들고 나와서 부르기 힘들었다는 점이었다. 그런 반응은 어느 정도 예상은 하고 있었지만 직접 들어보니 충격이었다. 내가 너무했나? 나만 좋아한 건가? 나만 열정에 넘쳐 지나쳤나? 이런저런 생각을 하다 보니 내가 그동안 했던 모든 것들의 의미가 사라지기 시작했다. 결국엔 교회에서 활동하는 내 정체성에도 심각한 영향을 주었다. 내가 별로 의미 없는 존재로 비치기 시작했다. 다들 내가 하는 것에 불만이 있었는데 너무 열심히 하니까 그냥 봐주는 거였구나. 왜 나는 이다지도 열심히 했지? 결국, 그 주에 몸살이 났고 찬양팀장이 예배를 이끌었다.

대학교 3학년 때 일이다. 학교 동아리에서 부활절 행사를 한다고 저녁 채플 후 기숙사까지 촛불 행진을 했다. 나는 앞에서 기타를 들고 열심히 연주했다. 날씨는 쌀쌀했고 기타를 치는 내 손가락은 추위로 얼어붙어 고생했다. 기숙사 광장에서 행사를 마칠 때까지 약 1시간 이상 기타를 쳤다. 행사가 끝난 후 다들 고생했다고 덕담을 나누고 해산했다. 나는 손가락이 시리고 아픈데도 열심히 기타를 쳤기 때문에 누군가가 나에게 수고했다고 해주기를 기다리고 있었다. 그러나 아무도 없었다. 혼자 기숙사에 들어가서 있으니 외롭고 섭섭함을 견딜 수가 없었다. 그러다가 내가 너무 불쌍해졌고 또 봉사하면 됐지 인정받지 못해서 불쌍하게 생각하는 자기 연민의 감정이 추잡스러웠다. 나는 내 수고를 인정받기를 기대했다가 좌절한 감정과 자기 연민의 감정을 갖게 되었고 그런 감정을 가진 것에 대해서 죄책감과 수치심을 갖게 되었다. 혼자 기타 치고 노래를 부르면서 많이 울었다. 오만가지 감정의 홍수 속에서 할 수 있는 건 우는 것밖에 없었다.

학교에서 교사들끼리 토론회를 가졌을 때다. 제기한 문제는 창의적체험활동(창체) 시간에 하는 소위 계기 교육에 관한 것이었다. 학급 자치가 이루어질 수 있는 창체 시간에 대부분 계기 교육이 그것도 대부분이 방송으로 이루어졌다. 잘 이루어진다는 특정한 기준도 없이 그냥 하니까 하고 듣는 식이었다. 그래서 이런 계기 교육이 잘 이루어지지 않으니까 그런 교육을 좀 줄이고 자치시간을 더 넣자고 했다. 학교 민주주의의 근간은 자치시간이니까. 그랬더니 한 선생님 왈, '교사라면 교육이 잘 안 이루어지는 상황에서는 더 잘 해보도록 해야지, 교육을 줄이자고 하면 어떻게 하나요?' 내가 말하는 교육은 안전 교육, 성교육, 정보통신 교육 등 방송으로 동영상 틀어주고 마는 교육을 말하는 것이었고 그것을 제대로 하려면 집체교육 말고 반별로 하는 게 나은데, 그렇게 하려면 교과에서 해야 한다고 다 얘기한 뒤였다. 그런데 교사가 교육을 뺀다는 식으로 대응하는 걸 듣고는 입을 다물어버렸다. 더 무슨 얘기를 할 수 있을까? 방송 교육을 개선하려면 어떻게 해야 한다는 의견을 개진하든지 해야 하는데, 마치 내가 불량한 교사인 것처럼 말하는 통에 기분이 상해버렸다. 더 심각한 것은 그날 당시 내 기분을 누구에게도 말할 기회가 없었다는 것이다. 나 혼자 고립된 느낌을 지울 수가 없었다. 당시 생활인권부장을 맡아서 학교에 교육적인 변화를 주고자 노력을 했었는데 다 부질없는 짓임을 느꼈다.

감정의 파고를 넘는 것은 그리 쉬운 일이 아니다. 나이와 상관없이 그것은 항상 거칠게 몰아치고 나의 안전은 아랑곳하지 않는다. 세상이 내 맘대로 될 리 없는 건 알지만 감정의 소용돌이에 빨려들면 정말이지 오랫동안 기억 속에서 상처로 남게 된다. 그리고 그 기억은 다시는 비슷한 상황을 맞닥뜨리지 않게 피하거나 그런 상황이 어쩔 수 없이 다가오더라도 가만히 있으라고 우리를 주저앉힌다. 이러한 회피 반응으로 인해 우리는 삶의 교훈을 얻지 못하고 용기를 쉽게 잃어버리며 감정이 올라오면 휩싸이고 조절하지 못하는 심리적으로 취약한 모습을 보이게 된다.

감정을 다룬다는 것은 결코 쉬운 일이 아니다. 감정과 마주해야 하기 때문이다. 감정이 올라오기 시작할 때부터 이 감정이 무엇인지 규명하고 어떤 생각이 촉발한 것인지, 어떤 자극에 대한 반응으로 생긴 것인지 패턴을 발견하는 일도 어려운데 말이다. 하지만 감정을 잘 조절하고 삶의 동반자로 받아들이려면 반드시 해야 하는 작업이다. 이번 장에서는 감정을 다루는 일에 관한 탐구를 시작한다.

감정 직면하기

감정의 에너지는 두렵다. 세게 몰아붙일 때는 어떻게 해야 할지 알지 못한다. 그냥 감정의 파도에 휩쓸려서 가버린다. 자신의 통제력을 벗어난 것에 대한 두려움이 찾아든다. 좌절로 인한 무기력을 예로 들어보자.

수업 시간에 자꾸 돌아다니며 친구들과 떠드는 학생이 있다. 그 학생에게 돌아다니지 말고 자리에 앉아 공부하라고 해도 들은 척도 않는다. 몇 번이고 말을 해도 소용이 없자 이번에는 소리를 지른다. "야, 너! 자리에 안 앉아? 내가 몇 번 얘기했어? 응? 도대체 내 말을 무시해도 유분수지. 내 말이 말 같지 않아!!" 내 기세에 눌린 듯 그제야 자리에 앉는다. 하지만 나는 이미 감정이 올라온 상태다. 숨은 가쁘고 열은 머리끝까지 올라 있다. 그냥 아무 일 없던 것처럼 계속할 수가 없다. 그때부터 전체를 향해 잔소리를 늘어놓는다. "수업 시간에 수업을 듣지 않고 장난치고 떠드는 행위를 계속 내버려두면 수업은 난장판이 되고 집중할 수가 없게 된다. 그러니 학교 수업에서 배우는 건 기대할 수 없게 되고 학원에 갈 수밖에 없다. 학교가 수업을 제대로 하지 않아서 학원에 가야 하는 상황이 옳은 거냐? 자꾸 떠들면 아예 내쫓을 줄 알아!" 이렇게 위협과 협박의 톤으로 소리를 내질러야 분노가 좀 가라앉는다. 계속 수업을 하지만 열기는 식지 않고 눈과 귀는 수업을 방해하는 학생들을 찾는다. 그러다 걸리면 정말로 복도로 내보낸다. 밖에 나간 애들은 억울하기도 하고 심심하기도 해서 유리창으로 교실을 보는데 갑자기 장난기가 발동해서 웃긴 표정을 한다. 그걸 본 교실 아이들이 웃고 수업은 또 끊긴다. 복도로 나간 나는 있는 대로 소리 지른다. 그 소리를 듣는 옆 반 선생님과 아이들. 심리적으로 불편해지고 수업에 집중도가 떨어진다. 그들에게 미안해지지만, 감정이 먼저 앞서버렸다.

이렇게 수업의 질서를 유지하려는 노력은 지속해서 방해받고 좌절된다. 자꾸 이런 현상이 반복되면 패턴으로 굳어져서

야단치고 소리 지르고 복도로 내보내고 다시 소리 지르는 일이 악순환된다. 마치 몇 번이고 계속 반복하면 아이들은 지칠 것이고 수업의 질서는 잡힐 것으로 믿는 것처럼 말이다. 그러나 좌절은 그칠 줄 모르고 반복된다.

결국, 분노로 이어지는 감정의 폭발적 패턴으로 인해 교사뿐 아니라 반 아이들 모두에게 스트레스를 준다. 심리적 불편함을 피하려면 한 귀로 듣고 한 귀로 흘려야 한다. 이런 현상이 반복되면 수업 내용조차 한 귀로 흘려버리고 형식적인 수업, 껍데기만 남은 수업이 되고 만다. 그러니까 교사는 수업의 질서를 바로잡으려고 노력하다가 자기감정을 못 이겨 과도한 통제를 하게 되고 결국 수업은 그 공간 안에 있는 사람들의 감정을 뒤집어 놓은 채 이성적으로 행동하라는 암묵적 지침만 남겨 놓고 끝나버리는 격이 된다.

좌절의 종착점이 비난을 자기한테 돌리는 우울함이든, 타인에게 돌리는 분노이든 무기력이라는 현상은 크게 차이가 없다. (분노는 아직 통제 욕구가 살아 있는 상태이지만 분노가 통하지 않을 때가 많아서 어느새 지쳐버리게 된다는 점에서 무기력을 내포하고 있다고 볼 수 있다.) 우리에게는 우리의 힘이 영향을 줘서 의도한 대로 되기를 바라는 욕구가 있다. 이를 통제 욕구라고 하는데, 이 욕구는 자아효능감으로 이어진다. 자신이 의도한 바대로 되면 자아효능감은 높아진다. 어릴 적 장난감을 갖고 놀면서부터 자아효능감이 생긴다. 하지만 자기 뜻을 성취하려고 울고 떼쓰는 행동이 부모에게 받아들여지면 사람을 통제하는 방법을 알게 되면서 영리함을 넘어 교활함에 이르기도 한다. 자아효능감에서 말하는 통제가 건강한 방식으로 이루어지려면 항상 상호작용, 쉽게 말하면 밀고 당기기가 필요하다. 즉 어느 정도는 좌절이 필요한 것이다. 그러나 좌절이 연속되면 자아효능감은 뚝 떨어지고 자신이 무능하다는 무기력에 사로잡힌다. 살면서 좌절이 없는 것도 문제지만 너무 많은 것도 문제다.

교실에서 수업하는 교사는 대부분 좌절로 인해 무기력증을 갖고 있다. 자신의 교육방식에도 변화가 필요하고 다르게 해보고 싶은 마음이 있지만, 그동안의 좌절 경험으로 인해 - 그것은 학생에게서 생기기도 하지만 학교의 구조로 인해 생기는 부분도 많다 - 시도할 용기가 나지 않는다. 열심히 하나 안 하나 그다지 큰 차이는 없는 것 같고, 출근했다가 어느새 퇴근 시간이 다가오고, 이렇게 하루 이틀 일주일 일 년이 지나가다 보면 그것이 일상이 되어 오히려 그런 생활의 익숙함을 버리고 싶어 하지 않게 된다.

좌절의 감정과 대면해보자. 좌절은 욕구가 충족되지 않았을 때 생기는 감정이다. 욕구가 강할수록 좌절도 강하다. 그러니 좌절은 욕구를 살펴보면 원인을 알 수 있을 것이다. (욕구는 상황마다 다르고 자세한 내용은 '욕구 다루기'에서 다룰 것이어서 이번에는 원인을 구체적으로 다루지는 않겠다.) 하지만 좌절의 원인을 안다고 해결되는 건 아니다. 현재 내게 생긴 이 좌절감을 어떻게 할 것인가의 문제는 여전히 남아 있다. 일단 좌절과 무기력증의 연결 고리를 끊어야 한다. 좌절은 일상에서 수도 없이 일어난다. 이것이 무기력으로 연결될 때 비난이 생기고 분노와 우울함이 생긴다. 좌절로 인해 자신이 할 수 있는 것이 아무것도 없는 건 아닌지에 대한 두려움이 생기면서 그 상황이 생기게 된 책임을 자신이나 타인에게 비난으로 돌리고 정작 좌절의 감정을 제대로 바라보지 못하게 된다. 이 연결은 거의 무의식적으로 일어나기 때문에 알아차리기란 쉽지 않다. 하지만 적어도 감정이 어느 정도 가라앉은 후에는 성찰을 통해 연결고리를 발견할 수는 있다.

성찰할 때는 좌절의 감정이 생길 때 혹시 두려움은 없었는지 살펴보는 게 좋다. 단지 자신이 원하는 것이 이루어지지 않아서 답답함을 느낀 것인지 아니면 할 수 있는 것이 없다고 느끼는 무력감인지 생각해볼 필요가 있다. 후자의 경우라면 비슷한 종류의 좌절을 반복해서 경험했거나 남에게 도움을 주고자 했는데 그게 거부되었거나 가진 게 없어서 도움을 줄 수 없다고 판단할 때이다.

답답함이든 무력감이든 감정을 피하지 말고 온전히 느끼는 것은 정말로 중요하다. 감정은 마치 주인에게 인정받고 싶어 하는 반려견과 같아서 알아주고 시간을 보내주면 스스로 가라 앉는다. 그렇게 하지 않고 억압하면 속에서 쌓이게 되고 점점 압력이 커지면서 작은 자극에도 폭발하게 된다. 감정을 온전히 느낀다는 말은 감정의 원인을 파악하라는 말이 아니라 있는 그 대로 느끼라는 말이다. 감정의 에너지를 온몸으로 받으라는 뜻 이다. 그 터질 듯한 에너지를 그대로 받아 안으면 그것이 사그 라지고 더는 에너지로 남아 있지 않게 된다.

파커 파머는 온전성을 찾고자 한다면 우리의 삶에서 벗어나 위로 올라가려고 하지 말고 오히려 아래로 내려가 삶으로 깊이 들어가라고 충고한다. 그가 인용한 애니 딜라드는 다음과 같이 말한다.

심층부에는 심리학이 우리에게 경고한 폭력과 공포가 있다. 그러나 당신이 이 괴물들을 올라타고 더 깊이 내려가면, 당 신이 그들과 함께 세계의 가장자리 너머 더 깊이 떨어지면, 당신은 우리의 과학이 이름을 붙일 수 없는 하층, 대양, 혹 은 기반, 혹은 나머지 것들을 뜨게 하는 창공을 발견하는데, 이는 선에 선의 능력을 부여하고 악에 악의 능력을 부여하는

통합된 장이다.[4]

삶으로 더 깊이 들어가는 것은 그래도 이해가 되고 수긍할만한데, 괴물을 타고 깊이 내려가라는 말은 얼른 이해가 가지 않는다. 뭐가 괴물이라는 거지? 그리고 괴물을 만나면 얼른 도망가거나 죽여야 하는 게 아닌가? 그 괴물을 타고 내려가라고? 어디로?

한동안 혼란에 빠져 있다가 괴물이 감정은 아닐까 하는 생각이 들었다. 나는 감정들에 민감하지 못했고 그 감정들을 느끼는 것을 달가워하지 않았다. 좋은 감정들조차 그 뒤에 실망과 좌절이 찾아올까 봐 별로 느끼고 싶지 않았다. 감정이 찾아오면 억눌렀고 느끼더라도 벗어나려고 노력했다. 물론 그런 노력은 번번이 실패로 끝났다. 당연한 귀결이었다. 내 안에서 내가 직접 느끼는 것인데 그것을 어떻게 피할 수 있을까? 피할 수 없다면 안 느끼는 것처럼 해야 하는가? 피하거나 안 느끼게 하는 것도 역시 불가능했다. 겉으로는 그렇게 보여도 속에서는 절대로 그렇지 않기 때문이다. 피할 수 없다면 감정이라는 괴물을 타고 내려가 봐야 하는 건 아닌가?

---

4   파커 파머(2013), 『일과 창조의 영성』, 홍병룡 역, 아바서원, p. 61.

그런 결심을 하고 방바닥에 앉았다. 그리고 내 안에서 가장 심연에 들어찬 거부라는 감정을 꺼내기 시작했다. 두려웠다. 거부라는 감정은 내가 꽁꽁 싸매어 둔 것으로 조금 느끼다가 순식간에 사라지고 대신 분노가 들어차도록 패턴을 만들었는데, 그걸 꺼내는 건 마치 잘못을 하고 혼나러 들어가는 어릴 적 내 모습과도 같기 때문이었다. 거부당하던 쓰라린 기억을 되살려 다시 그 쓰라린 감정 속으로 들어가는 건 어리석은 일이라고 한쪽에서는 외치고 다른 쪽에서는 그것을 온전히 느껴야 극복할 수 있다고 외쳤다. 나는 도전하기를 선택했다.

과거의 거절당했던 기억들을 떠올렸다. 스멀스멀 기어 나오는 거부의 감정들은 그동안 내가 거부당했던 갖가지 기억들을 떠올리게 했다. 고통스러웠다. 하지만 회피하지 않았다. 온전히 느끼기까지는 얼마간의 시간이 필요했다. 그렇게 길지는 않았다. 고통스러운 기억들을 마주하고 고통을 받아 안고 나니 놀랍게도 상쾌한 느낌이 찾아왔다. 나를 계속 괴롭혀 왔던 거부의 감정들이 힘이 빠진 것을 느낄 수 있었다. 아, 이게 되는구나!

그렇다고 그 후로 거부당할 것 같은 두려움이나 거부와 비슷한 무시를 당했다는 생각에서 완전히 해방된 것은 아니다. 여전히 나는 그런 생각으로 분노를 하고 있다. 무시당했다는 생각은 거부의 감정에서 비롯된 두려움이라는 사실을 자주 잊어버리기 때문이다. 이것을 떠올리는 것은 연습으로만 가능하다. 하지만 감정을 직접 직면해본 경험이 있고 그래서 거부의 감정이 나를 지배하지 못한다는 것을 알고 있기에 죄책감과 무기력보다는 연습이라는 단어를 떠올릴 수 있다.

감정을 직면할 때 '괴물을 타고 더 깊이 내려가서' 감정을 온전히 느끼는 것에 대해 두려움을 느낄 수 있다. 분노를 참고 억눌렀는데 그걸 다 느끼다간 무슨 일이 날지 모른다는 불안이 생긴다. 사실 감정의 괴물을 타고 더 내려가는 것 자체가 엄청난 두려움이다. 감정 자체가 두려워서 회피하고 싶은데 그걸 더 타고 내려가라니? 더 끔찍한 일이 있을지도 모르는데 말이다. 그러나 그러한 불안한 생각은 두려움이 만들어 놓은 것이다. 두려워서 억누르고 감추어 두었던 부분이며 그것을 직면하지 못하도록 공포심을 배양해서 그곳을 지키게 한 것이다. 두려움으로 인해 가려졌던 부분은 두려움에 의해 해석되고 상상되었던 지옥과 같은 공간이 아니다. 감정은 악이 부르는 소리가 아니며 감정을 타고 내려간다고 해도 그것이 재앙을 가져다주는 것은 아니다. 오히려 거기에 내려가면 자신을 온전히 볼 수 있게 된다.

딜라드는 우리가 더 깊이 내려가면 선에 선의 능력을 부여하고 악에 악을 부여하는 능력의 공간을 발견한다고 하는데, 그 공간은 선과 아니고 악도 아닌 우리 자신의 공간이다. 우리의 본질은 선과 악으로 구분되지 않는다. 감정은 우리의 본질 중 하나이다. 여기에 선과 악의 잣대를 들이대는 것은 옳지 않다. 이것을 넘어서야 더 깊이 내려갈 수 있고 그럴 때 옳고 그름의 문제가 아닌 인간의 온전함에 대한 문제로 바라볼 수 있다.

다시 좌절로 돌아가서 우리가 좌절의 감정을 일상적으로 어떻게 다루는지 살펴보자. 우리는 보통 좌절이라는 감정을 제대로 살피지 못하고 그 원인을 찾아 비난하려고 하기 때문에 그후에 이어지는 말이나 행동을 좌절과 연결하여 판단한다. '내가 너 때문에 좌절을 경험하는 것이니 네가 잘못한 거야.' 또는 '이번 일이 잘되지 않은 것은 내가 못나서야. 나는 안 되나 보다.' 이런 식이다. 이 말에서 알 수 있듯이 좌절을 다루는 것이 아니라 급하게 타인이나 자신에게로 원인을 돌려서 비난한다. 그리고 또다시 좌절을 경험하는 것을 두려워한 나머지 좌절은 좋지 않은 감정이라고 판단한다. 옳지 않은 감정으로 바라보는 것이다. 실패하면 자신이나 타인이 옳지 않기 때문에 생긴다고 판단해버린다.

이와 반대로 좌절을 옳다고 판단하는 일도 좋지 않은 건 마찬가지다. 실패는 성공의 어머니니까 많이 실패해봐야 한다고 혹자는 말한다. 실패를 통해 배우는 것은 사실이지만 그 누구도 실패를 달가워하지는 않는다. 실패를 좋아하는 사람도 없다. 실패하면 좌절의 감정이 생겨 풀이 죽고 의욕이 떨어진다. 겉으로는 다시 잘하면 된다고는 하지만 속은 전혀 그렇지 않다. 수업을 망치고 나오면 다음 시간 수업은 들어가기 싫다. 마냥 쉬고 싶고 잘해보고 싶은 의욕도 상실한다. 수업을 성찰하고 스스로 피드백하면서 개선하는 사람도 마찬가지다. 실패를 반복하면 얼른 학교를 떠나고 싶다. 이런 좌절의 상황에서 좌절하는 것은 꼭 필요하다고 말하는 것은 억압의 다른 형태이다. 그것 또한 좌절을 제대로 다루지 못하고 새로운 생각으로 대체하려는 시도일 뿐이다. 좌절한 사람에게 용기를 내서 극복해야 한다고 말하는 것은 선부른 위로이고 자신이 도움을 줘서 그 사람이 좌절을 이겨내고 성공했다는 자기 공적으로 이어질 가능성이 크다.

그보다는 좌절을 직면하도록 격려를 하는 편이 더 낫다. 그렇다고 어서 하라고 할 수는 없다. 다만 자꾸 회피하려고 할 때 그 감정도 같이 받아주면서 그 당시 상황에서 어떻게 느꼈냐고 물어보는 게 좋다. 그러면 힘들어도 당시로 돌아가서 그 감정과 마주할 수 있다. 그러면서 감정에 공명해준다. '참 힘들었겠어요.', '상실감이 크겠는데요?', '저 같아도 어려웠겠어요.' 이런 말을 형식적으로 하는 게 아니라 상대의 감정에 같이 춤을 추듯 해야 한다. 춤을 출 때는 그 감정과 함께 널뛰듯 다 느끼라는 게 아니다. 상대의 감정 폭에 주파수를 맞추고 그 기분을 공감을 통해 느끼고 표현하는 것이다.

자신에게나 상대방에게 좌절로 인한 상실감과 답답함, 분노 등을 좋지 않은 악이라 규정하고 도덕적으로 선한 사람이 되려면 느끼지 말아야 한다고 하거나, 꼭 필요한 것이니 그걸로 인해 낙심하고 용기를 잃으면 안 된다고 주입하면서 별 것 아닌 것으로 취급하면 좌절을 다룰 기회를 놓치는 것이다. 그렇게 하면 온전함으로 가기보다는 겉으로만 멀쩡하게 보이는 사람이 되기 쉽다. 우리가 흔히 말하듯 도덕이 표면적인 모습에만 그치는 것을 가식이라고 한다. 그 가식은 자신의 감정이 빠져 있고 상대방의 눈치를 살펴 그가 원하는 대로 해주는 도덕을 뜻한다. 따라서 감정을 적당히 넘기는 것은 그런 가식적인 도덕을 만들어낼 뿐이다.

감정에 머무르기

두 번째로 다룰 부분은 감정에 머무르는 것이다. 감정에 직면하기와 머무르기는 다소 다르다. 둘 다 감정에 집중하는 부분은 같지만 단계적으로 다른 측면이 있다. 직면하기는 피하지 않고 똑바로 바라보는 것이고 마주하는 것이라면, 머무르기는 자신의 감정을 온전히 자신의 것으로 받아들이는 것이라 할 수 있다.

계속해서 반복하지만 감정을 억압하는 것은 절대 좋지 않다. 적당히 넘어가는 것도 마찬가지다. 감정은 우리를 괴롭히거나 못살게 구는 존재가 아니다. 감정은 존재의 자연스러운 반응이며 그래서 생존에 가장 필요하다. 감정이 있어야 우리는 인격을 갖고 사랑을 할 수 있고 타인과의 상호작용을 통해 성장할 수 있다. 물론 감정은 우리를 약하게 하는 것은 맞다. 그리고 우리의 약함은 사실 우리를 괴롭히기도 한다. 후회와 자책, 질투와 시기, 증오와 분노 등의 감정은 악의 원료로도 쓰인다. 그러나 그런 감정 자체가 문제가 아니다. 다음 장에서는 감정을 욕구와 연결 지어 살펴볼 텐데, 욕구를 충족시키기 위한 수단을 취할 때 갖가지 문제가 나타난다. 하지만 그것은 감정을 충분히 다루지 않았기 때문에 발생하는 경우가 많다.

감정은 반드시 필요하다. 감정이 전혀 없다면 우리는 누군가를 이해하고 공감해줄 능력도, 보듬어주고 격려할 힘도, 무엇보다 사랑할 힘도 없는 그야말로 무감각한 사람이 되고 말 것이다. 감정은 우리를 인간답게 만들어준다. 우리는 감정으로 인해 불완전하지만 그것으로 인해 사랑할 수 있는 존재가 된다. 사랑은 나약함을 이해하고 용납하며 수용하는 용기로 시작한다. 그건 강함을 보여줄 때가 아니라 취약함을 보여줄 때 생긴다. 힘이 없고 약한 아기를 보면서 우리는 사랑을 배운다. 용기를 잃고 걱정하는 사람을 감싸줄 때 우리는 사랑을 실천할 수 있다. 약함은 사랑의 필수조건이다. 그리고 그런 약함은 감정을 인정할 때 생긴다.

감정을 자신의 것으로 받아들인다는 말은 감정이 휘몰아치는 대로 자신을 맡기란 뜻은 아니다. 타인이 우리의 감정에 대해 충고를 할 때 이건 내 감정이니 상관 말라는 뜻으로 하는 말도 아니다. 물론 사람들이 감정에 대한 신념을 강요하는 경우도 많다. 그렇게 느끼지 말라든지, 감정을 보이면 안 된다는 식의 충고하는 말은 지나친 간섭에 해당한다. 하지만 타인의 판단에 귀를 기울일 필요가 있는 것도 사실이다. 예를 들어, 사소한 일에 격노하여서 상대방을 험담할 때 누군가 험담한다고 해결될 일이 아니라고 말한다면 그런 충고는 귀담아들어야 한다. 지금 그런 충고를 들으려고 너한테 이런 말 하는 게 아니다, 너는 공감도 못 해주냐고 한다면 그것은 감정이 휘몰아치는 대로 가자는 것밖에 안 된다. 그러한 일에는 대가가 따르기 마련이다.

교사에게 와서 친구가 잘못했다고 이르는 아이들에게도 비슷한 문제가 있다. 그렇게 이르는 아이들은 정말로 친구만 잘못한 때도 있지만 쌍방 모두 잘못이 있는데 먼저 선생님에게 가서 이르면 유리할 것으로 생각해서 그렇게 하는 경우가 많다. 일종의 험담인 셈이다. 거기에 휘둘리면 안 된다. 그 친구의 이야기를 들어보고 혹시 둘 사이에 문제가 있는 것이라면 둘을 불러서 갈등을 중재할 필요가 있다. 둘을 불러서 서로 이야기하도록 할 때 감정이 너무 지나쳐서 때리거나 약 올린 것에 대해서는 반드시 상대방이 어떻게 느꼈는지를 듣게 한다. 이렇게 하면 자신의 감정에만 충실한 아이들이 상대방의 감정에도 귀를 기울이게 되는 좋은 경험이 된다.

감정에 휘둘리지 않으려면 감정에 온전히 머물러야 한다. 감정에 머문다는 뜻은 감정에 직면하여 온전히 느낀 후에 그 감정을 객관적으로 바라보는 것이다. 감정에 들떠 있지도 않고 감정에 몸의 에너지가 들썩거리더라도 그것을 무심한 듯 바라본다. 그러면 자신이 어떤 감정을 느끼는지 명확해지고 감정의 정체가 분명해지면서 혼란스러움을 덜어낼 수 있다. 수업 시간에 반복해서 떠드는 아이에게 화가 났을 때, 별일 아니라고 생각하는 것에 대해서 학부모가 강력하게 항의할 때, 자기 기분 나쁘다고 온갖 비난을 퍼붓는 그런 사람과 한바탕할 때, 누군가 말하는 것을 다들 알아차리고 있는데 자신은 조금도 이해하지 못하고 있을 때 등, 다양한 상황에서 올라오는 감정들을 약간은 거리를 두고 바라보는 것은 자신도 모르게 반응하는 패턴의 연속성을 깨고 전혀 다른 반응을 보일 수 있는 여유를 줄 수 있다.

예를 들어보자. 수업 시간에 한 아이에게 화가 나서 교무실로 오라고 했다. 수업을 마친 후에 교무실에서 대화하면서 그 아이가 그냥 다른 애들이 말할 때 자신은 듣기만 했다며 억울하다고 말할 때, 화는 온데간데없고 오히려 미안해진 적이 있었다. 그렇다고 바로 미안하다고 말하지는 않았지만 - 내 자존심 때문에 - 분노한 감정이 상당히 누그러들었다. 만약 내가 그 상황에서 화가 났을 때 내 감정으로 바라보지 않고 조금만 관찰 시간을 갖고 바라보았다면 그 아이에게 굳이 분노를 표출하지 않아도 됐을 일이었다. 학교에서 아이들을 지도하다 보면 사실 그런 일이 많다. 평소에 가진 편견이 순간의 부정적 장면과 섞이면서 그 아이를 혼내서 기를 좀 꺾어야겠다고 생각한다. 그런 생각이 분노를 촉발하면서 그 아이를 비난하게 되는 것이다. 수업 시간에 화가 난다면 일단은 화가 났음을 인정하고 두 번째로 그 감정을 약간 멀리서 바라보는 연습이 필요하다. 왜 화가 났지? 어떤 생각에서 화가 났을까? 저 아이는 무엇을 했지? 내가 보고 들은 것은 무엇이지? 이런 질문들에 답하다 보면 분노는 누그러지게 된다.

감정에 머무르기 위해서 알아둬야 할 점은 감정이 우리의 동반자라는 것이다. 감정은 우리가 태어나서 죽을 때까지 함께한다. 때로는 감정이 메말라서 무미건조하게 살아갈 때도 있고 때때로 감정이 너무도 풍부해져서 잦은 눈물과 웃음으로 조울증을 의심해볼 때도 있다. 부족하든 넘치든 감정이 언제나 우리와 함께한다는 것은 그것이 외부에서 주어지는 것이 아님을 알게 한다. 그건 우리 내부에 있는 것이다. 우리의 존재 자체인 것을 마치 우리가 아닌 것처럼 만들 수는 없다. 우리 안에 있으니 자신과는 다른 것이라고 보지 말고 나와 함께하는 동반자로 바라보는 것이 좋을 것이다.

감정은 동반자일 뿐 아니라 우리의 삶을 풍요롭게 만들어주는 협력자이기도 하다. 리플러스 인간연구소 대표를 맡고 있는 박재연 소장이 세바시(세상을 바꾸는 시간 15분)에 나와서 '힘이 약한 사람에게 건강한 방식으로 힘을 행사하는 말하기'를 주제로 강연한 동영상을 본 적이 있다. 그의 메시지는 단순했다. 자신보다 약한 사람 – 예를 들면, 자녀나 학생 – 에게 힘을 행사할 때 비난과 처벌의 힘이 아닌 협력의 힘을 사용하라는 것이었다. 비난과 처벌의 힘은 상대를 통제하고 제압하려고 할 때 사용한다. 우리가 분노할 때는 비난을 통해서 상대가 내 말을 듣고 나를 거부하지 못하도록 만들려는 의도가 있다. 하지만 이런 힘은 자신이 상대방의 반응에 의해 상처받을 수 있는 취약한 사람임을 감추려고 사용하는 것이다. 반면에 협력의 힘은 인간으로서 서로 취약한 존재임을 인정하고 서로 상생하며 협력하는 것이 더 나은 세상을 만들 수 있다는 믿음을 기반으로 손을 내미는 것이다. 상대를 공격하는 힘으로는 상대를 설득하기 어렵지만, 상대와 함께하겠다는 힘은 상대의 마음을 열고 가치 있는 삶에 헌신을 끌어낼 수 있다. 그가 한 말 중에 인상에 남는 것은 '그래야 할 이유는 없지만 그래야 할 가치와 필요는 있다.'였다. 비난과 처벌의 힘을 사용해서 보복하고 싶은데 왜 그러지 말아야 하는가에 대한 답변이었다.

그의 아이디어를 감정 머무르기에 사용해보자. 감정을 부인하고 억압하는 것은 감정을 두려워하며 그로 인해 내가 받을 손해를 피하고자 함이다. 그리고 감정을 마주 대할 자신감도 없고 어릴 적부터 감정을 함부로 드러내면 타인에게 불쾌감을 줄 수 있다는 암묵적인 압박을 받아왔기 때문이다. 그래서 감정을 숨기고 아무렇지도 않은 듯 살아가는 경우가 많다. 하지만 감정을 협력의 파트너로 인정하게 되면 어떨까?

감정이 협력자가 된다는 의미는 이렇다. 첫 번째, 감정은 몸의 반응을 끌어내어 몸에 긴장을 주고 건강을 지켜준다. 우리의 몸은 감정에 반응하면서 우리가 경계태세를 갖추게 하거나 우리를 새로운 모험으로 인도한다. 예를 들어, 놀람의 감정에는 동공이 커지고 입은 벌어지며 맥박은 빨라진다. 교감신경계가 작동하며 혹시나 있을 충격에 대비한다. 당황의 감정에는 얼굴이 일그러지고 눈은 약간 작아지며 몸은 수축하고 심장 박동이 빨라진다. 기쁨의 감정에는 눈은 커지고 맥박수는 빨라지며 그 자리에서 점프하기도 하며 환호성을 지르기도 한다. 에너지는 폭주하며 뭐라도 할 수 있는 것처럼 자신감이 생긴다. 슬픔의 감정에는 눈물이 솟고 눈이 빨개지고 목에 뭔가가 차오름을 느끼고 눈과 입은 전체적으로 내려간다. 목소리가 떨리면서 눈물에 콧물까지 흘린다.

이러한 몸의 반응은 감정의 에너지를 몸이 품고 그것을 표출함으로써 신진대사를 하는 표시이다. 때로는 불안과 긴장으로 때로는 흥분과 안정감으로 몸에 여러 자극을 주면서 건강하게 만든다. 우리에게 그런 자극이 없다면 몸이 다양한 환경에 충분히 적응하지 못할 것이다. 대체의학에서는 몸에 긴장을 줌으로써 몸을 치료하는 요법을 사용하고 있다. 대표적인 것이 간헐적 단식이다. 단식함으로써 반복되는 몸의 대사에 변화를 줘서 몸이 위험에 대비할 수 있도록 하는 것이다.

그렇다고 온종일 갑질하는 사람들에게 시달리며 자신의 감정 하나 드러내지 못하는 감정노동자들에게 이런 말을 하는 것은 아니다. 감정은 항상 쌍방적이어야 한다. 서로에게 영향을 주고받으며 상호작용이 있고 그렇게 서로 연결된 관계에 있을 때 몸은 긴장을 통해 건강해질 수 있다. 자신은 감정을 다 표출하지만 상대는 그렇지 못할 때, 그런 관계는 필연적으로 우월감을 가져다주고 그로 인해 우쭐해진 마음은 오만해져 상대를 더 누르려고 하는 경향이 있다. 내가 낫다는 생각이 너무 좋아서 그 상태에 계속 있으려고 하는 것이다. 그런 생각은 오만의 먹이가 되며 오만은 점점 커져 독이 된다. 그래서 어느 순간 자신이 타인에게 어떤 사람으로 비치는지도 감지할 수 없는 단절의 늪에 빠져 버리고 만다. 흔히 말하는 '더러워서 피하는' 사람이 되는 것이다.

두 번째, 감정은 삶을 풍요롭게 만들어준다. 언제나 기쁨만 있거나 슬픔만 있다면 인생은 금방 지루하거나 힘든 삶이 될 것이다. 영화 〈인사이드 아웃〉을 보면 삶의 풍요로움을 알 수 있다. 주인공인 라일리가 이사 가서 학교를 옮기고 난 후, 예기치 않게 벌어진 상황에서 기쁨은 최선을 다해 상황을 정리해서 언제나 기쁨만 있을 수 있도록 노력하지만 슬픔의 개입으로 상황은 나빠진다. 결국, 슬픔과 기억 구슬로 갈등을 벌이다가 둘 다 기억 저장소로 빨려 들어가면서 이야기가 시작된다. 기쁨은 어떻게든 통제센터로 돌아가려 하지만 라일리가 가출을 하면서 상황은 더욱 더 악화되고 자신은 라일리의 어릴 적 상상 요정인 빙봉과 함께 기억의 쓰레기장에 갇히게 된다. 밑바닥이 되어서야 기쁨은 슬픔의 중요함을 깨닫고 슬픔을 데리고 통제센터로 돌아가서 기쁨의 기억만이 아닌 다른 감정들이 다 섞인 핵심기억들을 만들어낸다.

우리의 인생도 이와 마찬가지다. 흔히 긍정을 말할 때 유쾌하고 기분 좋은 것만을 말하는데 그것은 거짓일 가능성이 크다. 그래야 한다는 당위나 타인에게 인정받기 위한 시도일 때 우리는 거짓 긍정을 만들어내게 된다. 눈물을 보이면 안 된다고 말하는 것은 슬픔을 약점으로 취급하는 것인데, 슬플 때 슬퍼하지 않는다면 그것은 무감각을 낳을 뿐이다. 우리에게 슬픔이 있어야 삶의 위대함을 받아들일 수 있다. 좌절에 대한 고통을 느낄 수 있어야 삶을 온전히 이해할 수 있고 사람들을 연민의 눈으로 바라볼 수 있다.

따라서 다양한 감정에 머무르며 충분히 느끼는 것은 그것 자체로 삶의 풍요로움을 알게 해준다. 기쁨이 있으면 슬픔도 있고 즐거움이 있으면 고통도 뒤따른다는 사실을 체험해서 아는 사람은 인생을 단기적으로 바라보지 않는다. 조급해하며 불안해하지도 않고 뭔가 이루어냈다고 자만하지도 않는다. 그러면서 그 현존하는 감정의 깊이를 헤아릴 수 있고 충분히 머무르되 그것에 온전히 빠지지도 않는다. 감정에 집착하지 않으며 감정이 흘러가도록 리듬에 맞춰 춤을 출 수 있는 여유를 갖는 것이다.

갑작스러운 이별의 통보를 받아서 당황스럽고 세상 무너지는 것 같을 때도, 열심히 준비한 시험에서 최종 불합격되었을 때도, 자신이 믿고 의지했던 사람들이 자신의 뒷말을 했다는 소문을 들었을 때도, 한 달간 고민하며 준비한 연구수업에서 좋은 평가를 받고 애들도 엄청 열심히 해줘서 너무 행복할 때도, 생일날 뜻밖의 선물을 받아서 구름 위를 걷는 기분일 때도 감정의 변화에 맞춰 춤을 출 뿐이다. 그런 감정이 너무 깊어 우울해지거나, 분노로 세상을 적대시하거나, 홀로 방구석에 처박혀 아무것도 하지 않는 무기력에 빠지거나, 고마워서 사람을 너무 믿어버리거나, 혹시나 나중에 배신 또는 실망으로 상처 입진 않을지 미리 염려해서 고마운 도움을 거절해버리거나 하지 않는다. 감정에 너무 오래 머무르면 무기력해지고 그렇다고 감정을 억압하면 무감각해지는 걸 알기에 충분하다고 생각할 정도로 머무를 줄 알고 그것을 표현할 줄 아는 상태가 감정을 통해 삶의 다양성을 포용하고 그래서 삶의 풍요로움을 즐기는 상태이다.

세 번째, 감정은 소통을 이루어낸다. 우리의 소통에서 언어가 차지하는 부분이 5% 정도밖에 되지 않고 나머지는 비언어적 부분이 차지한다고 한다. 그만큼 언어 자체보다는 비언어적 메시지가 더 중요하다는 뜻이다. 비언어적 소통이란 언어를 어떤 그릇에 담아 어떤 방식으로 전달하는가에 관한 사항이다. 예를 들어, 목소리 크기나 어조, 표정과 손동작, 그리고 당시 상황적 맥락 등이다. 여기에 감정은 큰 역할을 한다. 사람들은 얼굴과 목소리에서 드러나는 감정을 신기할 정도로 잘 잡아낸다. 민감한 사람은 약간의 떨림도 잡아내서 상대가 긴장하고 있으며 사실을 숨기려 하는지조차 알 수 있다.

감정이 없다면 상대방의 언어만으로는 절대로 숨겨진 의도를 알 수 없으므로 온갖 추리를 해야만 하는 피곤함이 생긴다. 포커페이스라는 용어가 생긴 포커 게임에서는 아무리 안 좋은 패가 나왔어도 상대방을 속여서 이득을 취할 수 있다. 자신의 감정을 완벽히 숨기는 것이다. 이런 게임에서는 서로를 철저히 불신하며 자신이 보고 들은 것만으로 판단하려고 한다. 하지만 일상생활에서 우리가 표현하는 다양한 감정은 비록 그것을 모두 알아차리지는 못하더라도 상대와 우리 자신의 마음 상태를 알 수 있는 단서가 된다. 상대의 감정을 감지하면 그것으로 대화를 할 수 있다. 그러면서 대화는 더욱 풍성해지고 상대를 더 잘 알게 된다. 감정을 드러내지 않는 대화는 사무적이고 경직되어 있어서 뭔가를 두려워하거나 인간적으로 엮일 필요가 전혀 없는 단순한 관계일 수밖에 없다. 하지만 단순한 관계 – 예를 들어, 가게에서 물건을 사고파는 관계 – 에서도 감정이 조금이라도 들어가 있으면 초면에 약간 당황스러울 수 있어도 거래 관계가 잘 진행될 수 있다.

사람의 성격에 따라 감정 표현을 받아들이는 정도가 다른 것은 사실이다. 내성적인 사람보다는 외향적인 사람이 감정 표현을 잘하고 자신에게 솔직하고 개방적인 태도를 보이는 사람이 감정 표현을 능숙하게 한다. 그리고 처음 보는 사이라도 그 사람의 상대적인 매력 정도에 따라 감정 표현의 용인 여부가 결정되기도 한다. 이렇듯 여러 요인이 상황마다 다르게 적용되고 사람마다 받아들이는 정도가 다를 수 있어도 그것 역시 소통의 일부이기 때문에 결국 소통에 대한 민감성 여부로 판단할 수 있다. 감정을 잘 알아차리고 또 거기에 머무를 수 있는 사람은 상대방의 미묘한 감정 또한 알아차릴 수 있으므로 그 사람의 수용 여부와 상황에 맞춰 자신의 비언어적 표현을 통해 의사를 전달하고 소통하는 것을 능숙하게 할 수 있다.

감정은 의도적으로 만들어내기가 어렵고 갑자기 의도치 않게 생기는 경우가 대부분이기 때문에 감정을 동반자요 협력자로 여기는 것은 감정을 어려워하거나 어색하게 여겨 서투르게 다루지 않기 위함이다. 감정이 생겼을 때 밀쳐 내지 않고 그 안에 머물면서 자신의 감정을 읽어주고 충분히 느끼는 것이 중요하다. 그러나 한 가지 의문이 떠오른다. 감정에는 강한 에너지를 발산하는 것도 있는데 그것은 어찌하는가? 이를테면, 분노는 어떤가? 분노가 치밀어 오를 때 거기에 온전히 머물다간 어떤 일이 생길지 모른다. 특정한 상황에서 욱할 때 거기에 머무른다는 건 위험한 것은 아닌가? 교실에서 아이들이 서로 장난치며 떠드는데 아무리 조용히 하라고 해도 잠잠하지 않는다면 화를 낼 텐데, 거기에 충실하라는 뜻인가?

언뜻 생각하기에 분노라는 감정은 예외로 취급하면 좋겠다는 생각이 든다. 그것은 파괴적인 에너지가 많아서 그 감정에 머물렀다간 여러 사람이 물리적으로 아니면 정신적으로 다칠 수 있다는 두려움이 도사린다. 그러면 분노의 감정은 숨기는 것이 좋은가? 그것이 건강한 방식인가? 혹자는 표출하라고 하지만 그건 아무래도 꺼려지고, 그렇다고 억압하자니 감정 억압은 나중에 폭발할 수 있다는 위험성이 있다. 이러지도 저러지도 못하는 분노는 참으로 골치 아픈 존재다.

분노의 감정에 머무른다는 것은 분노의 에너지를 파괴적인 방식으로 표출하라는 의미는 아니다. 감정에 머무르는 것과 구체적인 행동은 구분되어야 한다. 분노를 느끼지만 말이나 행동으로 표출하지 않을 수도 있다. 분노에 머문다는 것은 자신이 화가 나 있음을 인정하라는 것이다. 분노에 머문다고 해서 분노를 일으키고 부추기는 모든 생각들을 실천하라는 말은 아니다. 분노는 자연스러운 몸의 반응이지만 상당 부분 생각에 의해서 만들어지고 힘이 공급된다. 예를 들어, 나를 무시하는 발언을 한 친구를 향해서 분노를 느낄 때, 동시에 머릿속에서는

'그래? 네가 날 무시해? 네가 얼마나 잘났나 두고 보자. 네가 잘 못 할 때 철저히 너를 뭉개주겠어.'라며 복수심을 불태운다. 그런 부정적인 생각이 분노의 에너지원이며 그 생각이 반복되는 한 분노의 힘은 더욱 강해진다. 그럴 때 분노를 온전히 느끼는 건 오히려 생각과 감정을 떼어내지 못하고 더욱 강하게 섞이도록 만드는 것이다.

분노는 1차적인 감정이 아니며 오히려 생각이 만들어내는 2차적인 감정이라는 사실을 아는 것이 중요하다. 2차적 감정은 감정 그 자체가 아니고 생각이 만드는 것이기 때문에 생각의 성격 여부에 따라 그것을 충분히 느끼는 것이 오히려 안 좋을 수 있다. 그런 측면에서 2차적 감정은 그 뿌리인 생각을 들여다보는 것이 근원적인 해결책이 될 것이다. 이에 대해서는 다음 장에서 자세히 다룰 것이다.

1차 감정과 2차 감정 구분하기

이번 장은 '감정에 붙은 생각 분리하기'에서 논의한 것과 비슷할 수 있다. 하지만 감정과 생각을 분리하는 것에서 더 나아가서 감정이 생각에 의해 변하고, 그런 감정을 원래의 감정과 구분해야 한다는 점을 더 부각시키고자 한다.

1차 감정은 별도의 생각 없이 자연스럽게 생기는 감정을 가리킨다. 기쁨과 슬픔은 가장 근원적인 감정이라 할 수 있다. 보고 싶은 사람과 만날 때 마음은 자신도 의식하지 못한 상태에서 기쁘고 행복하다. 아이가 집에서 놀다가 퇴근하는 엄마를 보고 환하게 웃으며 와서 안기는 경우, 오랜만에 친한 친구를 우연히 길에서 만난 경우, 돌잔치에 가서 생각지도 못한 경품에 당첨된 경우, 가르치는 학생이 선생님이 좋다고 귀여운 표정으로 와서 친근함을 표시하는 경우 등은 모두 기쁜 감정이 자연스럽게 생기고 그 이유를 군이 따질 필요조차 없는 경우들이다. 슬픔의 경우도 마찬가지다. 영화 속 주인공이 불치병으로 사랑하는 사람과 생이별을 할 경우, 키우던 강아지가 병에 걸려 죽어갈 경우, 가족 중 한 명이 멀리 떠나 오랫동안 보지 못할 경우 등 상실로 인한 슬픔은 인간으로서 느끼는 자연스러운 감정이다. 한 실험에 의하면 여자 아기는 엄마가 울 때 같이 운다고 한다. 엄마가 왜 우는지는 따지지 않고 그냥 같이 우는 모습은 슬픔이 갖는 보편성과 연결성을 의미한다.

반면 2차 감정은 생각이 만들어내는 감정이다. 2차는 부수적으로 파생된 것을 뜻하며 이는 생각이 파생시킨 것이다. 자기 연민과 분노는 대표적인 2차 감정이다. 자기 연민은 자신을 불쌍하게 여기는 감정이다. 되는 일이 없고 계속 일이 꼬여서 좌절감이 높아질 때 우리는 스스로 삶을 불쌍하게 여기기 시작한다. 시험에서는 줄곧 낙방하고, 좋아하는 여자마다 차이고, 가진 돈도 별로 없어 먹고 싶은 것도 참아야 하는 사람은 아마도 자신의 인생을 꼬일 대로 꼬였다고 여기며 자신의 삶을 불운하다 여길 것이다. 취업을 위해 여기저기 원서를 넣어도 면접 보라는 데는 없고 아르바이트를 간신히 얻어 시작하는데 큰 실수를 해서 쫓겨나고 친구들은 다들 취업과 결혼을 하는데 자신은 모태솔로인 것 같을 때도 마찬가지다. 최악의 반을 맡아서 매일 사건 사고가 끊이질 않고 지각생은 아침마다 줄을 서 있고 교감은 자주 불러서 반 관리를 제대로 하라고 훈계질이고 업무는 폭주한 상태인데 수업 준비에 애들 상담으로 다 퇴근한 교무실에 남아서 일을 해야 할 때, 자기 연민의 감정은 물밀듯이 쳐들어올 것이다. 이런 자기 연민의 감정은 자신의 상황에 대한 비난을 자신에게 퍼부으며 자신이 뭔가 잘못했고 제대로 살았다면 이런 일은 당하지 않았을 것이라는 허황된 신념을 굳게 부여잡고 있다. 그래서 상황은 나아지지 않고 육체적, 심리적으로 지쳐서 에너지가 소진된 상태가 되며 희망은 사라져 더는 보이지 않게 된다. 그러면서 깊은 우울의 늪에 빠질 가능성이 커진다.

분노는 자기 연민보다는 훨씬 교묘하고 복잡한 감정이다. 생각이 분노를 촉발시키는 것을 앞장에서 살펴보았듯이 특정한 생각들은 분노를 자극하고 먹이를 주어 분노가 마치 헐크처럼 힘을 발휘하도록 한다. 이런 현상을 자세히 들여다보면 분노의 기능 중 하나는 분노를 표출함으로써 자존심 상했던 경험을 통해 위축된 자아를 회복하려는 시도를 하는 것이다. 예를 들어,

키가 작다는 말에 열등감을 갖고 있던 아이는 자기보다 약한 애가 그런 말을 하면 버럭 화를 내며 상대를 제압하려고 한다. 따돌림을 당해서 힘든 삶을 살았던 아이는 자존심을 회복하기 위해서 자기가 따돌릴 수 있는 애를 찾아 놀리고 괴롭힌다. 살 살 약을 올려서 화를 북돋아 상대방이 이성을 잃고 분노를 폭발시키도록 하는 것도 일종의 자존심 회복이라 할 수 있다. 상대방을 자신이 원하는 대로 통제할 수 있는 경험이 되기 때문이다.

에크하르트 톨레는 불만과 분함이 에고의 성질 중 하나이며 이를 표출함으로써 에고(자아)는 자신을 드러내고 자신의 우월함을 입증하려고 노력한다고 말한다.

분함은 불만과 함께 따라오는 감정이자 사람들에게 마음속 분류표를 붙이는 일이며, 이것은 에고에게 더 많은 에너지를 보태준다. 분함은 억울해하고, 분개하고, 자신이 부당하게 상처받았다고 느끼는 것이다. 당신은 다른 사람들의 탐욕, 부정직, 진실성 부족, 현재 그들이 하고 있는 짓과 과거에 한 짓, 그들이 말한 것, 그들이 하지 않은 것, 했어야 하며 하지 말았어야 하는 것 등에 대해 계속해서 분개한다. 에고는 그것을 매우 좋아한다. 에고는 다른 사람들의 무의식을 눈감아 주지 않고 그것을 아예 그들의 정체성으로 만들어 버린다. 누가 그렇게 하는가? 바로 당신 안의 무의식, 즉 에고가 그렇게 하는 것이다. 때로는 다른 사람에게서 발견하는 '잘못'이 실제로는 존재하지 않는 것일 수도 있다. 완전한 오해이며, 적을 만들어 자신이 옳고 우월함을 느끼도록 조건 지어진 자기 마음의 투영일 수가 있다. 잘못이 실제로 있다고 해도 그것에만 집중해 다른 모든 것을 배제함으로써 그 잘못을 확대하는 경우도 흔하다. 당신이 반응하는, 다른 사람 안에 있는 그것을 당신은 자신 안에서 강화시키는 것이다.[5]

이런 그의 주장에 비추어볼 때 분노는 상대방을 제압하고 자신의 우월함을 표시하려는 시도라고 해석할 수 있다. 수업 시간에 화를 내는 경우, 그 수업을 온전히 통제하고 수업을 끌고 가고 싶은 당연한 욕구를 갖고 있기 때문이지만, 통제를 통해 교사가 학생보다 우월하고 더 똑똑하며 더 많은 힘을 갖고 있다는 것을 보여주고 싶을 때가 있다. 난 개인적으로 그런 것을 느낀다. 수업 중 학생을 일으켜 세워 그에게 소리치면서 혼내는

---

5 에크하르트 톨레(2013), 『삶으로 다시 떠오르기』, 류시화 역, 연금술사, p. 95.

경우 나는 그렇게 할 수 있는 권력을 갖고 있으니 넌 조용히 있으라는 의도를 느낀다. 학생을 교무실로 불러서 혼내면서 학생의 잘못을 논리적으로 따질 때, 아니면 분이 나서 씩씩거렸지만 제대로 말을 하지 못했던 경우를 떠올리며 논리적으로 우세하게 말하는 혼자만의 상상을 할 때, 모두 내 자존심을 세우고 내 우월함을 보이려고 그러는 건 아닌지 생각해보면 그런 의도가 충분히 있음을 부인할 수 없다.

이처럼 분노를 해부해보면 생각이 분노를 이끌고 가고 있음을 알 수 있다. 자존심을 다시 세우려고 하는 시도나 우월함을 보여주려고 하는 시도에서 생각은 이렇게 말하고 있다. '내가 얼마나 논리적이고 똑똑한지 보여줄게. 너는 나에 비하면 한참이나 뒤떨어져 있어. 그런데 네가 감히 나한테 대들어? 다시는 그러지 못하도록 확 밟아버려 줘야지. 이번이 기회야.' 이런 생각을 하면 할수록 분노는 촉발되고 쉽게 가라앉지 않는다. 생각이 분노에 기름을 붓고 있기 때문이다.

1차 감정과 2차 감정을 구분하는 이유는 2차 감정에는 그다지 머무를 이유가 없다는 점 때문이다. 2차 감정에 머무르면서 그것을 촉발한 생각에 집중하다가 생각이 꼬리를 물고 이어지면서 자신을 불행으로 끌고 갈 수 있기 때문이다.

그러면 1차 감정과 2차 감정의 몇 가지 예를 들어보겠다.

상황: 친구가 힘든 기억을 꺼내서 이야기하면서 울고 있다.

1차 감정: 슬픔

2차 감정

- **자기 연민:** 듣고 보니 내가 더 심한 경우네. 내 삶은 왜 이러지?
- **분노:** 도대체 너를 이렇게 만든 놈이 누구야?
- **무기력:** 나는 그동안 너를 제대로 도와주지도 못했네.
- **안절부절:** 혹시 저 얘기가 나보고 하는 얘기인 거야? 왜 이리 찔리지?

●--●

친구가 자신의 힘든 기억을 가까스로 꺼내 이야기한다. 평소 그 친구는 말을 거의 하지 않아서 그냥 조용한 내성적인 아이로만 생각했다. 그런 와중에 한 사건이 생겼다. 누군가 볼펜을 잃어버렸는데, 그 아이의 필통에서 발견했다. 그 아이는 자기가 훔친 것은 아니라고 말했지만, 한동안 그 아이를 의심하며 수군대는 애들이 많았다. 담임 선생님은 그 사건을 해결하기 위해 둥그렇게 앉아 최근 자신의 삶에서 기억나는 사건을 이야기해보자고 했다. 그렇게 돌아가며 이야기하는데 그 친구가 그 힘들었던 사건을 말하며 흐느낀다.

한 사건을 접하면서 그 사건에 대한 해석과 해석에 따른 감정은 각기 다를 수 있다. 친구의 눈물을 보며 자신은 그보다 더 혹독한 일을 겪었는데 누구도 들어주지 않았던 경험을 가진 아이는 자신의 처지를 비관하며 자기 연민에 빠진다. 그 친구와 친한 친구는 누군지 모를 사건 당시 가해자에게 분노를 품게 된다. 또 옆에 앉은 친구는 그 사건에 대해서 듣고 도와주고 싶었으나 구체적인 방법이 통 떠오르지 않아 무력감을 느낀다. 마지막으로 한 아이는 사건 당시 장난으로 볼펜을 그 아이 필통에 넣어두었는데, 그게 사건으로 발전하고 무서워서 계속 숨기고 있었다. 하지만 그 장면을 목격한 친구가 한 명 있는데, 그 친구가 자기 이름을 댈까 봐 두려워하고 있다.

1차 감정인 슬픔은 그동안 억울하게 누명을 쓰고 살았던 이야기를 들으면서 생기게 되고 누구에게나 그 슬픔은 전달된다. 참으로 불쌍하다는 연민이 생긴다. 하지만 자신의 처지와 그에 따른 생각으로 인해 다른 감정을 갖게 되고 그것이 그 아이에 대한 태도로 바뀌게 된다.

상황: 친구가 약속 시각에 나타나지 않고 있다.

1차 감정: 실망

2차 감정

- **분노:** 도대체 약속 시간을 어긴 게 한두 번이어야지!
- **수치심:** 내가 하찮아서 나를 소중하게 생각하지 않는 거야.
- **자책:** 내가 약속 시간을 너무 일찍 잡았나?
- **불행:** 이 카페에서 누군가를 기다리는 사람은 나 혼자인가 봐. 참 처량하다.

이번 사례에서 친구가 약속 시간에 나타나지 않아서 기다리고 있는 친구가 실망한다. 자신은 약속 시간을 지키기 위해 준비를 서두르고 설레는 마음으로 왔는데 정작 친구는 정해진 시간에 나타나지 않자 실망한 것이다. 하지만 여기에 생각이 더해지면서 여러 감정이 나타난다. 예전에도 그 친구는 그런 적이 여러 번 있음이 생각났다. '이 친구는 도대체 왜 자꾸 약속에 늦는 거야? 약속을 지키는 건 기본 아닌가?' 마음에 분노가 인다. 그러다 '혹시 나한테만 그런가? 내가 이 친구에게 별로 중요한 사람이 아닐 수도 있겠구나. 하긴 지난번 다른 친구도 늦게 나왔어. 내가 그들에게는 중요하지 않은 사람인가 봐.' 자신의 가치에 대한 의심으로 이어지면서 수치심이 든다. 하지만 이내 곧 '아니야, 아마 내가 약속 시간을 내 중심으로 정해서 그런 것일 거야. 그 친구 생각은 안 하고 내가 너무 일찍 잡아서 그런 거야.' 스스로 자책하는 죄책감이 든다. 그러다 다시 '그런데 주변을 살펴보니 다들 둘씩 있는데 나만 혼자네. 이렇게 누군가를 계속 기다리는 사람은 나 혼자인가 봐. 내 삶이 좀 불행하네.'로 이어진다.

친구를 기다리면서 온갖 상념에 사로잡혀 여러 가지 다양한 감정을 경험하지만, 그 어떤 것도 자신의 마음을 안전하고 평화롭게 지켜내는 것은 없다. 점점 부정적인 생각과 느낌들이 섞이면서 아마도 친구가 나타나기 전에 가든지, 나타나면 비난부터 시작할 것이다. 그 친구가 늦은 사연은 전혀 들어볼 생각도 하지 못하고 말이다.

(사례 3)--

상황: 수업에서 학생들이 설명을 잘 못 알아듣고 있다.

1차 감정: 답답함

2차 감정

- **짜증**: 내 말을 왜 이리도 못 알아듣는 거야! 제대로 듣기나 하는 거야?
- **좌절**: 소통이 되어야 뭔 일을 할 건데. 이거 처음부터 막히네.
- **초조**: 얼른 끝내야 하는데, 잘 안 되네.
- **우울**: 내가 말을 잘 못하나봐. 나름 열심히 설명한 게 아무 소용이 없구나.

이 상황은 수업 중에 그 시간에 꼭 알아야 하는 핵심 개념을 설명하는데 눈치를 보니 잘 모르는 것 같아서 다시 설명을 해야 한다고 느끼는 교사의 심정이다. 그것도 감정이 약간 흐트러져 있는 상태이다. (사실 감정이 흐트러져 있지 않은 경우는 별로 많지 않다.) 사실 열심히 설명을 했다. 자신이 아는 바를 꽤나 조리 있게 전달했는데 못 알아듣는 아이들 때문에 마음에 답답함이 차오른다. 하지만 이내 생각들이 달라붙으면서 감정은 발전한다. '아니, 쉽고 분명하게 설명했는데, 왜 못 알아듣지? 아, 다시 설명해야 하는 거야? 이거 실화냐?' 짜증이 난다. 그러다가 '아, 오늘 수업 망쳤네. 이거 말고 설명할 게 얼마나 많은데, 처음부터 막히나.' 좌절감이 든다. 그러면서 동시에 '오늘 수업에서 진도를

다 못 나가면 다른 반과 차이가 많이 나서 안 되는데, 어떻게든 얼른 마쳐야 해.' 스스로 다그치면서 초조해진다. 그러다가 이내 곧 예전에도 이와 비슷한 상황을 겪은 적이 떠올랐다. 당시 못 알아듣는 아이들에게 2~3번 설명했지만 기대만큼 되지 않아 결국 설명을 포기해야 했다. '다 내 탓인가 보다. 내가 설명을 잘 못 하나 봐. 나는 교사를 하지 말았어야 했어.' 급 우울해진다.

처음에는 그냥 답답함으로 시작했지만 이내 짜증이 나고 좌절감이 들었다가 초조해지고 우울해지면서 다시 설명하는 것에 힘이 들어가지 않는다. 그래서 아이들은 더 못 알아듣고 수업이 망했다고 판단하면서 더 우울해진다. 당시 상황은 아이들의 집중도가 떨어져 있는 오후이고 특히 체육을 하고 와서 더더욱 몸에 피로가 쌓인 아이들이 많아서 그런 것인데 그런 외부적 요인은 보지 못한다. 생각에 생각이 겹치면서 온갖 부정적인 감정들이 몰려오는 것이다. 이렇게 부정성에 빠져들면 그것은 수업과 배우는 아이들에게도 좋지 않은 영향을 준다.

(사례 4)---•

상황: 아이들이 선생님이 좋다며 복도를 지나갈 때 환호해준다.

1차 감정: 기쁨

2차 감정

- **짜릿함:** 내가 아이들한테 확실히 인정을 받는구나. 내가 인기가 이렇게 좋은가?
- **감동받음:** 아이들의 순수한 표현이 감동된다.
- **거북함:** 환호는 좋은데 복도에서 들으니 좀 창피하다.
- **혼란스러움:** 어, 아까 나한테 혼난 애들이 많은데? 기분이 안 좋을 텐데 왜 그러지?

마지막 사례는 다소 오글거리는 것이다. 가끔 아이들은 좋아하는 선생님을 보면 남 눈치 보지 않고 환호해준다. 환영받는다는 점에서 기쁘다. 여기에 생각이 더해지면 긍정적인 감정뿐 아니라 부정적인 감정도 나타나게 된다.

먼저 자신에게 주목하면 아이들이 자신을 좋아해주고 인정해줘서 마치 인기 스타라도 된 것처럼 인식할 수 있다. 그러면 짜릿함을 느낀다. 기쁨이 훨씬 더 커진다. 그러다가 아이들의 순수함에 감동한다. 단지 그들을 가르친다는 이유로 아이들이 고마움을 이렇게 표시해주는 것 같아서 그 소소함에 감동한다. 그러다가 다른 선생님이 지나가면서 "좋겠어. 저런 환호도 받고." 이렇게 말하면 좋으면서도 거북해진다. 약간 창피스러울 수도 있다. 부정적인 느낌이 들면 거기에 빠져들기 시작한다. '어? 얘는 아까 나한테 혼났는데? 왜 이리 신났지? 그냥 분위기에 휩쓸렸나? 나를 좋아할 리 없을 텐데? 뭘 바라는 거지?' 혼란스러움이 찾아온다.

위에서 살펴본 네 가지 사례 외에도 수없이 많은 사례가 있을 것이다. 이것이 우리가 일상에서 겪고 있는 감정과 그 변화들이다. 대부분 1차 감정은 순간이고 거기에 생각이 더해지면서 2차 감정들로 바뀌는데, 그 에너지가 1차 감정보다 더 크기 때문에 2차 감정들은 대부분 몸에 각인된다. 긍정적인 감정보다 부정적인 감정을 경험할수록 우리 몸은 거기에 대비하면서 그것을 더 잘 기억하는 것이다. 그만큼 몸은 여러 가지 대비를 하고 에너지를 내야 하기 때문에 쉽게 지친다. 그런 상황이 계속 반복되면 몸은 더 지치고 몸을 붙잡고 있는 우리의 의식마저 떨어진다.

의식은 깨어있음이다. 깨어있으면 알아차릴 수 있고 알아차림의 범위가 넓어지고 깊어질수록 의식 수준은 높아진다. 주변에 있는 사물과 사람을 알아차리는 것부터 내면의 움직임과 변화를 알아차리고 물리적 세계를 움직이는 정신적 세계와 영적 세계를 알아차리는 것까지 우리의 깨어있음은 온 우주와 연결되어 있다. 생명의 원리를 깨닫고 삶의 저변에 흐르는 힘들을 파악할 수 있는 것이 우리의 의식이다. 의식이 낮으면 시야는 좁아지고 깨달음과 알아차림은 매우 제한된다.

의식지도를 만든 데이비드 호킨스에 따르면 수치심과 죄책감은 가장 낮은 의식이고 사랑과 깨달음은 가장 높은 의식이다. 감정을 말할 때 수치심이나 죄책감은 부정적인 반응의 저변에 깔리는 것으로, 언제나 우리의 의식을 끌어내린다. 우리의 의식이 저하되지 않기 위해서는 감정에 머무르기, 즉 감정을 물끄러미 바라보는 연습이 되어야 한다. 감정에 달라붙은 온갖 생각들이 뭔지 알아차리고 그것들이 부추기는 2차 감정을 파악하면 의식은 살아나고 알아차림의 수준이 높아지면서 낮은 의식 수준으로 가라앉는 것을 피할 수 있다. 이것이 우리가 2차 감정에 대해 알아차려야 하는 이유이다.

지금까지 감정을 다루면서 크게 긍정적인 감정과 부정적인 감정으로 나누었다. 이를 다른 말로 표현하면 사랑과 두려움이다. 감정의 마지막 장은 사랑과 두려움을 다루고자 한다. 이는 우리의 삶을 좀 더 크게 바라보고 통찰을 통해 삶을 관조하기 위함이다.

사랑과 두려움의 역설

데이비드 호킨스가 지은 '치유와 회복'을 읽다가 인간의 모든 감정은 사랑과 두려움에서 시작한다는 구절을 읽은 적이 있다. 그 당시 줄곧 생각하던 것이 사랑과 두려움이어서 그런지 마음에 와 닿았다. 사랑과 두려움이 인간의 모든 감정의 근원이라는 부분을 완벽하게 설명할 수는 없지만 충분히 그 말에 동의할 수 있었다.

사랑은 사실 단순한 하나의 감정이 아니다. 사랑은 용기에서 시작하며 포용으로 마무리된다. 사랑은 단순한 좋아함이 아니다. 그것은 헌신이다. 자신을 모두 주어야 비로소 온전해진다.

그 전까지는 사랑은 불완전하다. 그리고 불완전만큼 두려움이 들어있다. 두려움은 우리의 생존방식이다. 두려워하지 않으면 위험을 감지할 수도 없고 대처할 수도 없다. 하지만 두려움이 우리 마음을 야금야금 집어삼키게 되면 우리는 꼼짝할 수도 없고 오직 무력감만 느낄 뿐이다. 사랑은 용기, 희망, 행복, 기쁨, 평화를 느끼게 하는 원천이 되는 반면, 두려움은 수치, 자책, 비난, 불안, 분노를 일으키는 원천이다. 우리는 사랑을 통해 우리의 존재가 빛을 발하며 사랑을 실천함으로써 위대함에 이른다. 반면 두려움으로 인해 우리의 존재는 보잘것없어지고 스스로 존재를 증명하기 위해 발버둥 쳐야 하는 형편에 처하게 된다.

우리는 결코 완전해질 수 없다. 사랑과 두려움은 언제나 함께 있으면서 우리를 불완전한 존재로 만든다. 어느 순간 우리는 감동으로 전율을 느끼며 삶에서 미움을 버리고 사랑하리라 다짐하지만 얼마 가지 않아 분노하고 비난을 퍼붓고 있는 자신의 모습에 실망한다. 무슨 행동을 했는지 잘 기억도 나지 않는데, 무조건 잘못했다며 사과하라는 통에 당황스럽고 '내가 그렇게 만만한가?' 하는 생각에 분노하지만 그렇게 해서 득이 될 것이 하나 없음을 알고 사과로 마무리하는 그런 경우도 있다. 아이들이 사랑스러운 존재였다가 일순간 악마 같은 존재로 변하고, 정말 말도 안 듣고 말썽만 부리는 아이인데 갑자기 연민의 감정이 들면서 불쌍한 마음에 친절을 베풀고 용서해주는 우리를 발견하기도 한다.

우리는 이렇게 사랑의 마음과 동시에 두려움의 마음도 가진 모순된 존재이면서 동시에 역설적 존재이다. 여기서 모순이라 함은 사랑과 두려움 중 어느 하나를 선택해야 하는 데서 발생한다. 하지만 우리는 둘 다 갖고 있기에 어느 하나를 선택했다 하더라도 나머지 하나에서 완벽하게 떠날 수 없다는 점에서 혼란스러워한다. 분명히 사랑하기로 선택했는데 그 동기가 두려움에서 출발한 것이라든지, 두려움으로 인해 방어를 하고 있는데 알고 보니 사랑의 행위라는 점이 그것이다. 이렇게 혼란스럽다는 점을 들여다보면서 우리는 역설을 발견한다. 모순은 논리적으로 서로 상충되는 상태인 데 비해 역설은 그 모순을 더 파헤치면 발견되는, 모순되는 두 개념의 통합 상태를 뜻한다.

예를 들어, 앞에서 예로 든 영화 〈인사이드 아웃〉에서 기쁨은 슬픔이 기억 구슬을 건드리는 걸 싫어한다. 슬픔이 기억 구슬을 만지면 파란색으로 바뀌면서 라일리가 울고 힘들어하는 것을 기쁨은 참지 못한다. 그래서 슬픔에게 작은 원을 그려주고 여기서 나오지 말라고 한다. 기쁨과 슬픔을 서로 반대로 인식하는 상태, 기쁨과 슬픔이 서로 상충되는 상태가 모순이다.

그러나 영화의 결말부에서 기쁨은 슬픔이 없으면 자신의 존재가 온전하지 못하다는 걸 깨닫는다. 함께 있어야 하는 통합으로 이해한다. 이것이 역설이다.

다른 예를 들어보자. 세상의 모든 엄마는 자식이 안전하고 다치지 않기를 바란다. 하지만 동시에 자녀가 엄마의 도움 없이도 스스로 삶을 개척하기를 바란다. 안전과 자율은 동시에 존재하기 힘든 상반된 두 개념이다. 안전하려면 부모의 적극적인 개입이 필요하다. 그러나 개입하다 보면 너무 간섭하게 돼서 아이의 자율을 막아버린다. 그렇다고 아이가 원하는 대로 하도록 내버려 두면 사고가 생기고 아이는 다치게 된다. 안전과 자율이 동시에 존재할 수 없는 상태, 즉 모순이 생겨버린다. 그러나 좀 더 깊이 들어가면 자율이 안전을 위협하지 않음을 알 수 있다. 자율은 스스로 무엇이든 하는 것이 아니라 자기 규율을 지킨다는 뜻으로 안전에 대한 의식이 포함되기 때문이다. 위험 요소를 무시하고 도전할 수는 있지만 그런 부분은 부모가 적절히 통제할 수 있다. 아이가 스스로 하고 싶은 마음을 존중해주면서 자신의 안전을 지키는 의식 또한 키워주는 것이다. 만일 부모가 통제만을 일삼는다면 반대로 하고 싶은 청개구리식 반항심이 발동한다. 그러면 안전을 위한 통제는 결국 위험을 더 키우는 셈이 되고 만다. 반면에 부모의 통제가 아이의 자율을 키워

줄 때 안전과 자율은 통합이 될 수 있다. 모순의 관계를 넘어선 역설은 둘 다를 받아들여 이해하고 품을 때 가능하다.

사랑과 두려움도 역설의 관계가 성립한다. 사랑이냐 두려움 이냐를 이분법으로 보면 사랑을 선택하는 것은 선이고 두려움 을 선택하는 것은 악으로 규정하기 쉽다. 누군가를 사랑하는 것은 용기 있는 행동이며 이타적이고 위대한 일을 하는 것인 데 반해 두려움은 뒤로 물러서는 비겁함이고 공격과 방어의 동물 적인 본능에 충실한 것이며 자기 중심성에 갇히는 것이다. 따 라서 우리는 사랑을 선택해야 하고 두려움에서 한시라도 빨리 벗어나야 하는 당위가 생긴다. 해야 마땅하다는 당위는 삶의 목표이자 가치가 되지만 그것이 에누리 없이 우리를 판단할 때 우리에게는 수치심과 죄책감 외에 남는 것이 없게 된다. 해야 하는 것을 하지 못했을 때 죄책감이 들고 그것을 왜 못 했냐고 질책하며 타인과 비교할 때 수치심이 든다. 진정한 가치는 당 위에 의해 실현되는 것이 아니다. 그것은 온전한 인격에 의해 실현되는 것이다. 그리고 온전한 인격이란 사랑과 두려움이 통 합된 상태에서 발현된다.

사랑과 두려움을 이분법적으로 보지 않고 통합으로 이해하 는 것은 어떤 뜻인가? 첫째, 사랑과 두려움을 선과 악의 문제 로 바라보지 않는 것이다. 사랑하면 선이 되고 두려워하면 악이 되는 건 결코 아니다. 사랑과 두려움은 우리 안에 있는 본성이다. 그래서 사랑을 실천하면서도 두려움으로 물러설 수 있고 두려워서 사랑의 행위를 하지 못하면서도 소극적인 사랑은 실천할 수 있다.

먼저 사랑의 행위 중에 두려움이 섞인 경우를 생각해보자. 수업에서 잘 못 하는 학생의 작품을 도와주다가 갑자기 공정하지 않다는 생각이 나서 도와주기를 그만두는 경우가 있었다. 마음 같아서는 그 학생을 충분히 도와줘서 성취감을 맛보게 하고 싶은데, 그것이 평가로 이어지기에 다른 학생의 항의가 있으면 곤란해진다는 생각이 든 것이다. 사랑의 마음으로 다가갔지만, 중간에 두려움이 들어 물러선 경우는 사랑을 선택한 것인가? 두려움을 선택한 것인가? 만약에 그 학생을 다른 학생보다 더 많이 도와줘서 평가 결과가 더 잘 나왔다 하더라도 사랑을 실천했으니 괜찮은 것인가? 평가 결과를 생각해서 도와주기를 멈춘 것은 두려움 때문에 그랬다 하지만 그것을 악으로 볼 수 있는가?

반대로 두려움으로 인해 도전하지 못하다가 사랑을 실천하는 일도 있다. 다른 사람들 앞에서 발표하는 것이 너무 두려워서 교직원 회의 시간에 좋지 않은 점을 지적하며 토론하고 싶은 사항이 있지만 한 번도 얘기하지 않는 교사가 많다. 부서별 연수를 중심으로 하는 교직원 회의 시간에 새로운 안건을 말하는 것은 사실 많은 용기가 필요하다. 용기를 내서 질문하거나 안건을 제기하면 관행에 충실한 회의 문화에 젖은 사람들로부터 눈총을 받을 수 있고 시간을 낭비한다며 지적받을 수도 있다. 그래서 그건 상당히 두려운 일이다. 하지만 용기를 내지 못했다고 비난받을 이유는 없다. 설사 용기를 내서 잘못된 점을 지적하거나 새로운 제안을 했지만 그것이 사람들에게 충분한 공감을 불러내지 못한다면, 그것이 오히려 시간 낭비가 될 수 있다. 어떤 것이 용기 있는 행동일까? 욕먹을 것을 각오하고 나서서 이야기하다가 독불장군 취급당하는 것이 사랑일까? 나는 사랑의 행위라고 생각한다. 하지만 그것이 자신의 우월감을 부추기고 그래서 공명심이 앞선다면 그걸 사랑으로 바라보기는 어렵다. 이렇게 사랑과 두려움은 상황에 따라, 각 개인의 심리에 따라 매우 다양하게 나타나기 때문에 그걸 단순하게 선과 악으로 구분할 수는 없다.

둘째, 사랑을 향해 나아가는 것을 가치와 성장으로 바라봐야 한다. 사랑과 두려움을 선과 악으로 바라보면 사랑이 당위가 되어 피상적인 도덕이 생기지만, 사랑을 삶의 목표로 바라보고 이를 실천하면 그것은 당위에서 벗어나 삶으로 통합되기 시작한다. 우리는 목표가 있을 때 의미가 생기고 조금씩 목표를 향해 나아가면서 성장한다고 느낀다. 비록 완벽할 수는 없지만 사랑을 목표로 삼을 때 우리는 사랑을 배울 수 있다. 사랑을 배우면서 실천하면 우리 삶은 조금씩 더 많은 것을 담을 수 있는 포용력이 커지며 다양한 삶을 품을 수 있게 된다.

사랑을 말하면 흔히 남녀 간의 사랑을 떠올리는데 그것은 질투를 근간으로 하는 배타적 사랑이다. 상대방을 소유하고 싶은 강렬한 욕망을 바탕으로 이루어지기 때문에 수시로 두려움과 불안에 사로잡히게 된다. 좋아하면 모든 것을 포용해줄 수 있는 것처럼 믿고 행동하지만 그건 일시적일 뿐이다. 그런 사랑은 자신의 삶을 확장하지 못한다. 정신분석가인 스캇 펙은 사랑을 자기 확장이라고 정의한다. 자신이 확장되지 않으면 그것은 사랑이 아니다. 하지만 자기 확장은 결코 쉬운 일이 아니다. 그동안 자신의 정체성을 만들면서 세운 경계를 허물어야 한다. 허무는 것은 고통스럽다. 그래도 그것은 가치가 있는 일이다.

사랑은 사람뿐 아니라 동물과 사물 및 무형의 정신에게도 영향을 미친다. 인도의 간디, 미국의 마틴 루터 킹, 남아프리카 공화국의 넬슨 만델라 모두 사랑으로 자신의 고통을 이겨냈고 타인, 심지어 적까지도 온정적으로 대했다. 그들은 사람에게서 악을 봤지만 그것 자체를 거부한 것이지 그 악에 사로잡힌 사람들을 증오하려고 하지 않았다. 그런 사랑의 정신은 그 나라 전역에 새로운 변화를 일구어내었다. 비폭력 항쟁은 수많은 사람의 삶에 지대한 영향을 주었고 옳지 않음을 거부할 수 있는 용기를 주었다.

사랑을 삶의 목표로 삼는다는 것은 스캇 펙이 말한 자신의 확장을 목표로 삼는 것과 같다. 확장을 하려면 자신을 살펴봐야하고 어떤 부분이 사랑을 실천하는 데 방해가 되는지 알아내야한다. 그리고 그 부분을 깨뜨리기 위해 부단히 노력해야 한다. 처음부터 잘 될 리는 없다. 그동안 그 부분은 드러나지 않은 암흑의 영역에 있었고 잠깐 보였다가 다시 사라지기 때문이다. 그러니 더욱 잘 보이게 드러내야 하고 그걸 온전히 드러낸 후에야 사랑은 힘을 받게 된다. 두려움이 없는 사랑이 아니라 두려움 속에서도 사랑을 하는 그런 실천을 할 수 있는 것이다.

두려워하면서도 사랑을 실천하는 삶은 사랑과 두려움을 구분하지 않는다. 자신의 두려움을 변명으로 삼지도 않으며 사랑을 당위로 삼아 피상에 그치지도 않는다. 그건 두려움을 충분히 인식하고 그것이 주는 익숙함에 취한 자신을 보면서 질책할 줄 알지만, 질책이 두려움을 가중시킬 것을 알기에 자신을 사랑으로 포용할 줄 아는 용기이다. 잘 되지 않음에 좌절감이 들지만 두려움에 끌려가지 않으려고 사랑을 목표로 한 걸음을 내딛는 의지이다.

셋째, 사랑과 두려움의 통합은 자신을 온전히 사랑할 때 이루어진다. 자신 안에 사랑과 두려움이 공존하는 모순을 넘어 역설에 이를 수 있어야 우리는 자신을 용납하고 사랑할 수 있다. 사랑하는 마음과 두려워하는 마음이 휘젓고 다니며 혼란스럽게 하지만 사실 그것은 자신을 수용하고 감싸주는 게 필요함을 가르쳐준다. 하지만 이건 정말이지 어려운 주제이다.

우리는 자신을 사랑하기를 두려워한다. 자신의 결점을 계속해서 곱씹으면서 마치 자격미달로 합격한 것처럼 자신을 깎아내린다. 특히 자라면서 정체성을 형성하는 청소년은 자신의 단점은 이것저것 많이 이야기하지만 장점은 별로 찾지 못하는 특성이 있다. 어릴 적부터 남과 비교하면서 열등감을 부추기는 사회적 풍토는 자신을 소중히 여기는 마음의 싹을 짓밟아버리기 때문이다. 아이들은 자신을 사랑하고 지지해주고 격려해주는 말이 정체성 형성 시기에 절대적으로 필요하지만 그런 말보다는 부정적인 말들을 훨씬 더 많이 듣기 때문에 자신의 정체성을 부정적으로 형성하게 된다. 그래서 자신을 있는 그대로 사랑하는 것은 거의 불가능하다. 누구도 자신을 있는 그대로 받아주지 않았기 때문이다. 항상 뭔가 열심히 노력해야 했고 동시에 해서는 안 되는 일이 많았다. 지시와 통제 위주로 삶을 살다 보니 스스로 결정하고 실행하며 배우는 삶과는 멀어지게 되었다. 게

다가 남들이 시키는 대로 하고 또 그것에 대해 평가를 받으면서 우열이 가려지니까 자존감과 자기효능감이 부정적으로 형성된 것이다. 자신을 부정적으로 인식하는 사람은 타인의 칭찬을 잘 받아들이지 못한다. 그냥 하는 말이거나 뭔가 대가를 바라고 하는 말처럼 들리고, 괜히 우쭐했다가는 못한다는 말을 듣고 실망할 수 있으니 아예 처음부터 칭찬을 차단하는 전략을 쓴다.

자신을 부정적으로 인식하는 생각이 자꾸 반복되면 그것이 하나의 정체성으로 남게 되어 삶을 부정적으로 끌고 가는 동력이 된다. 그 영향은 자신의 삶에 강한 자국을 남기기 때문에 자신에게 일어나는 일에 대해서 부정적으로 반응하게 되는데 비난과 불평, 무기력과 수동성, 열등감과 조롱 등으로 나타난다.

자기 사랑과 관련해서 자존심을 잠시 언급하겠다. 자존심은 자신을 스스로 높이는 마음이지만 자신감보다는 자만으로 더 잘 이어지는 개념이다. 이것을 다른 말로 하면 '부풀려진 자아'로 표현할 수 있다. 자신을 있는 그대로 사랑할 수 없어서 타인에게 충분히 사랑받을 수 있을 정도로 부풀려 놓은 것이다. 예를 들어, 축구를 잘하는 친구들을 부러워하는 한 아이가 경기 중에 골을 넣었을 때 친구들에게 엄청난 칭찬을 받았다면, 그것이 그 아이의 자존심이 될 수 있다. 그래서 다음 경기에는 그만큼의 경기력을 보여야 한다는 압박감을 받는다. 친구들의 기대를 저버리는 것은 있을 수 없는 일이다. 만약 경기에서 진다면 그것은 최악의 일이다. 자신을 질책하거나 자신에게 패스를 안 해준 친구를 비난할 것이다. 아마도 다시는 축구를 하지 않으리라 다짐할지도 모른다. 부풀려진 자아란 뜻은 이렇게 자신을 과장되게 해석하고 거기에 못 미칠 때 자신이나 타인을 과도하게 비난하는 마음이다. 잘 생각해보면 이런저런 상황이 얼마든지 생길 수 있지만 그렇게 포용적으로 해석하지 못한다. 또한, 자존심이 강하면 자기 자랑에 바쁜 사람이 될 수 있다. 그렇게 해서 자신을 좋게 인식시키면 사람들이 자신을 멋지게 평가할 것이고 그러면 열등감으로 괴로워할 일은 없을 것이다. 물론 자존심이 강해서 더 열심히 노력하고 더 많은 것을 성취할수는 있다. 하지만 그런 사람은 자신의 멋지고 훌륭한 점을 부각하고 자랑할 수는 있어도 자신을 온전히 사랑하는 데는 계속 실패한다. 그 이유는 자신을 있는 그대로 사랑하는 것이 아니라 사람들에게 좋은 모습을 보여야만 사랑받을 수 있다는 믿음과 확신 때문이다.

자신을 사랑하기 어려운 가장 큰 이유는 어릴 적부터 부모로부터 받은 사랑이 절대적이지 않았기 때문일 것이다. 절대적인 사랑이 중요한 이유는 세상에 태어나면서부터 생존을 위해 살아가야 하는데 자신의 존재를 누군가는 아무런 조건 없이 받아주는 것이 삶을 살아가는 가장 강력한 밑바탕이 되기 때문이다. 이를 뒷받침하는 연구가 하나 있어 잠시 소개한다. 하와이군도 중 하나인 카우아이섬에서 1955년에 태어난 아이들을 대상으로 18년간 종단연구를 실시하였는데, 연구자 중에서 에미 워너는 매우 열악한 환경에서 출생했지만 가족과 친지들의 헌신적인 사랑을 받고 자란 아이들은 각종 비행과 중독으로부터 자유로웠다는 사실에 주목하고, 어릴 적 받은 사랑과 지지가 어려운 환경을 극복할 수 있는 원동력이 된다고 밝혔다.

자신을 충분히 수용하거나 사랑하지 않으면서 타인을 사랑하기는 더 어렵다. 우리는 대부분 투사를 통해 타인을 바라보며 해석하기 때문이다. 자신을 비난하고 못마땅하게 생각하는 렌즈를 끼고 있는데 타인을 그대로 존중하는 건 불가능하다. 자신을 하찮게 여기는 사람이 타인을 존귀하게 바라볼 리가 없다. 사람은 자신의 마음에 있는 것이 나오기 마련이다. 예수는 입에서 나오는 것보다 마음에서 나오는 것이 더 더럽다고 하였다. 자신을 사랑하지 못하는 사람에게서 좋은 것이 나오기는 어렵다.

타인의 시선에 얽매여 있는 사람들은 수치심을 훨씬 잘 느끼고 자신의 실수나 잘못에 대해서 좋지 않은 평가를 받을까 노심초사한다. 이들은 명예를 중요하게 생각하기 때문에 체면치레를 자주 한다. 만일 그 누구라도 체면을 깎는 행위를 한다면 용서하기 어렵다. 이를테면, 아이와 쇼핑을 하다가 아이가 장난감 사달라고 드러누워 우는 행동을 할 때 아이의 고집에 속이 상한 것보다 남들의 이목을 더 두려워하는 것이다. 그 행동이 창피하고 자신의 명예가 손상되었다고 생각한다. 수업 중 교사의 지도에 화가 나서 욕을 하는 학생에 대해서 교사의 명예를 손상했다고 처벌 운운한다면 그만큼 타인의 시선을 의식한다고 볼 수 있다. 알고 보면 그 아이가 기분이 나쁜 상태에서 평소하던 대로 욕을 했던 것인데 말이다.

나도 그랬다. 애들이 날 보고 웃으면 수치스러웠다. 분명히 나를 비웃는 것이라는 생각이 떠나지 않았다. 괜히 기분이 상해 화난 말투로 퉁명스럽게 대답하곤 한다. 하지만 요즘은 좀 다르게 행동한다. '나를 비웃는 게 아니라 뭔가 다른 이유가 있을 거야.'라고 생각한다. 어느 날 아침, 학교에서 나를 보는 애마다 웃길래 뭐냐고 물어봤더니 유튜브에 내가 올린 영어문법 강의 동영상을 보여주면서 선생님은 대단하다고 말해주었다. 그게 아이들 기준에서는 웃음으로 나타난 것으로 받아들였다. 마음이 편했다.

있는 그대로를 사랑한다는 것은 '괜찮아, 그럴 수도 있어'라고 말하는 수용이 첫 번째고, 옳고 그름의 잣대를 들이대고 측정하려는 의도를 버리고 현상 그대로를 바라보는 것이 두 번째이다. 이를 '객관의 눈'이라고 명명한다면 우리에게는 '평가의 눈'이 아니라 '객관의 눈'이 필요하다. 벌어진 일에 대해서 무엇이 일어났고 자신은 거기서 뭘 했으며 사람들은 그것을 어떻게 바라보는지, 거기에 대해 자신은 어떻게 평가하는지를 객관적으로 기술하기, 그리고 그것을 무덤덤하게 바라보기가 요구된다. 그때 다르게 행동했더라면, 다른 말을 했더라면, 좀 더 친절했더라면 등 지나간 과거에 대해 후회하고 자책하는 것은 아무런 소용이 없다. 만약 과거로부터 배워야 할 점이 있다면 자신이 충분히 사랑했는가를 살피는 것이 좋다. 만약 그러지 못했다면 두려움으로 인해 주춤하거나 하지 못한 것은 무엇인지 알아봐야 한다. 그런 직면은 우리가 '있는 그대로'의 자세를 유지하는 데 매우 도움이 된다. 세 번째는 타인의 눈치나 기대를 저버리는 것이다. 이 말은 타인과의 관계를 끊으라는 말이 절대 아니다. 오히려 관계를 잘 다지기 위해서는 타인에게 맞추는 삶을 그만두어야 한다는 뜻이다. 어릴 적에는 부모의 기대에 맞춰 사는 것이 매우 중요하다. 만약 그 기대를 저버린다면 어떤 벌이 있을지 모르고 그들을 실망하게 한다면 죄책감은 엄청나게 크게 다가온다. 하지만 그 기대를 맹목적으로 받아들이면 커서도 권력을 가진 타인의 기대를 충족시키기 위해 노력하게 된다. 그렇지 않으면 그것이 일종의 죄책감이 되어 마음이 계속 불편한 상태에 놓인다. 그러나 계속 그렇게 살다간 있는 그대로를 받아들이기는커녕 스스로 도덕성도 키우지 못한다. 남 눈치나 살피는 기회주의자로 살아가기 십상이다.

『미움받을 용기』라는 책이 나왔을 때 그 제목만 보고도 어떤 용기를 갖게 되었다. 모든 사람에게 사랑을 받을 수가 없고 모든 사람의 기대를 충족시켜 줄 수 없다면 누구한테는 반드시 미움을 받을 수밖에 없는데, 그것을 불편하게 생각한다면 그것은 어리석은 짓이라고 생각하는 용기 말이다. 자신을 있는 그대로 사랑한다는 것은 내면화되어 있는 타인의 기대와 압박을 거부해야만 가능한 일이다. 그렇게 해서 타인이 미워한다면 비록 신경은 쓰이겠지만 해방과 같다. 우리를 억압하는 수많은 목소리가 겉으로 나를 위협하지만 내면은 그것들로부터 자유롭기 때문이다.

Part 03

욕구 다루기

욕구를 통해 우리는 서로 연결되고 이해할 수 있다

✦

우리가 어떤 감정을 느끼는 데는 생각이 감정을 부추기기도 하지만 그보다 근원적인 곳에 우리의 욕구가 있다. 비폭력대화에 따르면 욕구가 충족되면 긍정적인 감정을 느끼고 좌절되면 부정적인 감정을 느낀다고 한다. 그러면 욕구는 무엇인가? 욕구는 무언가를 원하는 마음으로 언제나 생기고 수시로 바뀐다. 하지만 그 욕구를 알아차리는 건 별개의 문제다. 내가 겪은 최근의 예를 들어보겠다.

저녁 퇴근 시간에 몹시 피곤한 상태에서 용산역에서 동인천 급행을 타려고 역으로 내려갔다. 사람이 좀 많아서 줄을 서야 했다. (앉을 자리가 없으면 어떡하지? 출발역이니까 자리가 있을 거야.) 문이 열리고 줄 뒤에서 서 있다가 늦게 들어가는 바람에 자리가 거의 없었다. (이거 큰일인데?) 두리번거리다가 간신히 한 자리를 발견하고 얼른 앉았다. (정말 다행이다.) 그런데 그때 옆에 앉은 여성이 팔을 옆으로 살짝 뻗고 있어서 앉을 때 약간 방해가 되었다. (도대체 뭘 하고 있는 거지?) 순간 살짝 짜증이 났다. 짜증은 이내 사라졌지만 앉아서 생각해봤다. 무엇 때문에 짜증이 났을까? 피곤한 상태이고, 자리에 앉고 싶은 생각이 간절했고, 한 자리를 발견해서 앉고 싶은 욕구가 이루어진다 싶었는데 아주 살짝이지만 방해물이 나타났다. 그 때문에 팔을 피해 비켜 앉은 것이 아마 짜증의 원인이었을 것이다. 생각해보니 그 여성의 동작과 내 짜증의 간격이 0.5초도 안 되는 순간이었다. 그렇게 짧은 시간에 스치고 지나간 욕구와 감정의 교차가 놀라웠다.

사실 감정도 순식간이지만 욕구는 알아차리기가 더 어렵다. 대부분 감정을 알아차리고 난 후에도 가만히 생각하고 나서야 어떤 욕구가 있었는지 어렴풋이 떠오를 뿐이다. 비폭력대화에서 말하는 욕구 목록을 보면서 이런 욕구들을 언제 갖게 되는지 파악하기가 어려웠다. 인간이라면 누구나 갖고 있다는 보편적인 욕구 목록 앞에서 나는 좌절했다.

그런데 왜 욕구를 파악하기가 어려운 것일까? 그건 아마도 어릴 적부터 뭔가를 원하지만 정작 말했을 때 거절당한 경험이 많기 때문일 것이다. 그러다 보니 자기가 원하는 것이 있어도 말하지 않게 되고 그러면서 욕구는 자꾸 속에서 제어되고 삼켜진다. 가정에서나 학교에서 욕구를 겉으로 표현하는 것은 이기적이라는 편견이 욕구 표출을 틀어막는다. 가정에서는 원하는 것을 말하면 너무 욕심이 많은 것이고 때로는 그런 표현이 부모를 힘들게 한다며 죄책감을 안겨준다. 자신이 원하는 것이 좌절되었을 뿐 아니라 자꾸 표현하면 부모에게 부담을 지우는 불효까지 떠안을 수 있다. 학교에서는 집단생활이니 거기에 맞춰야 한다며 개인적인 욕구는 사실상 무시된다. 거기에 물리적인 시간표와 정신없이 돌아가는 교육과정으로 인해 개인적인 욕구를 표현할 시간이 거의 없다. 그러면서 좌절된 욕구들은 점점 답답함과 짜증으로 변질된다. 학급에 그런 아이들이 꽤 많은데 서로 부딪치지 않을 리 없다. 작은 사소한 일에 부딪히고 갈등으로 번진다. 서로 존중하지 못하고 무시와 비난이 일상화된다.

교사는 어린 시절부터 시작해서 학교에서 아이들 가르치는 시간까지 이미 그런 욕구가 묻히면서 지나간 세월이 더 많다. 그리고 아이들과 부대끼며 사는 통에 욕구를 알아차리기 어려운 상태가 되었다. 게다가 수업은 사람이 인격 대 인격으로 만나는 곳이라기보다는 지식을 전달하고 그걸 이해해야 하는 건조한 공간이어서 욕구 표출은 적절하지 않고 오히려 배움에 방해가 된다. 그래서 자신의 욕구뿐만 아니라 아이들의 욕구까지 억누르게 된다.

하지만 아이들에게 배운다는 건 그 자체가 욕구이다. 모르는 걸 알고 싶고 다른 애들은 어떻게 생각하나 궁금하고 혹시 그것과 연관된 다른 것들이 떠오르면 말하고 싶어진다. 그러다가 갑자기 생각나는 것도 있을 수 있고, 고민하면서 친구나 선생님의 도움을 받고 싶기도 하다. 또는 머리에 걱정이나 불만, 갈등이 이미 쌓여 있어서 그걸 풀어내기 전에는 배움에 다가갈 수 없는 경우도 종종 있다. 이런저런 욕구가 속에서는 마구 움직이지만 그런 이야기로 수업을 방해한다는 비난을 받고 싶지는 않고, 그렇다고 집중이 안 되는 수업에서 내용이 눈에 잘 들어오지도 않다 보니 수업은 그냥 무의미하게 흘러가는 시간으로 추락한다. 수업 시간에 모든 욕구를 언제나 다 충족할 수 없다는 건 어린아이라도 아는 사항이다. 하지만 통제 대상이 되어 자신의 욕구가 의미를 잃는 상황이 반복될 경우 개인의 존재 의미마저 잃을 가능성이 커진다.

욕구는 충족되기를 바라기 때문에 충족이 되면 만족으로 이어진다. 그냥 그것을 알아차리기만 해도 욕구는 죽지 않는다. 욕구를 통해 우리는 서로 연결되며 서로를 만날 수 있고 이해할 수 있다. 가장 중요한 것은 욕구와 감정은 밀접한 연관성을 갖는다는 점이다. 감정을 잘 이해하기 위해서는 욕구를 알아차리는 것이 중요하다. 그럴 때 우리는 비인간화된 사회에서 인간적인 소통을 만들 수 있다.

> **Chapter**
> **01**
>
> # 욕구 알아차리기

우리는 흔히 뭔가를 바라는 마음을 욕망 또는 욕구로 표현한다. 사전상으로 이 둘은 뜻의 차이가 별로 없다. 하지만 욕망은 갈망을 넘어서 욕심을 부리는 탐욕으로 연결되는 뉘앙스가 있다. '쟤는 욕망 덩어리야.'라는 말은 그리 긍정적으로 들리지 않는다. 반면 욕구는 욕망(desire)보다는 필요(need)를 뜻한다. 욕망과 필요의 차이는 신체와 마음 또는 정신의 건강에 필요한 것인가로 구분할 수 있다. 예를 들어, 음식을 먹고 싶은 생각은 인간의 본능 중 하나로서 신체적인 필요로 볼 수 있다. 그러나 이미 많은 음식을 먹었는데도 남의 것까지 더 먹고 싶다는 건 필요보다는 욕망으로 볼 수 있다. 이미 많은 옷이 있지만 친구가 새 옷을 샀다고 자기도 새 옷을 사서 뽐내야겠다면 그것은 욕망이다. 친구들로부터 많은 인정을 받고 있는데 자신과 친한 한 친구가 다른 친구와 더 많은 이야기를 하고 있다고 이를 싫어한다면 그건 질투심이고 욕망이다.

그런데 우리는 자주 누군가가 싫어지면 그가 원하는 것을 다 욕망으로 보고 친한 친구나 사랑하는 사람이 원하는 건 필요라고 보는 경향이 있다. 그래서 타인의 욕구를 욕망과 필요 중 무엇으로 바라볼 것인가에 대한 문제가 대두되는데, 여기서 중요한 점은 상대방의 욕구를 필요가 아닌 욕망으로 바라보는 건 가급적 피해야 한다는 것이다. 욕구를 편견의 시각으로 바라보면 이기적이라는 딱지를 붙일 수 있다. 수업 시간에 엄청 졸려서 잠시 엎드려서 자면 안 되겠냐는 말에 대해서 욕망으로 판단하는 경우는 '여기가 네 안방이냐? 자려면 집에 가서 자라.' 또는 '너는 왜 수업시간에 네 마음대로 하려고 하냐?'라고 하며 불허할 테고, 필요라고 생각한다면 잠깐 자고 일어나면 공부를 더 잘할 수 있겠다는 판단으로 허락해줄 것이다.

그렇다고 욕구를 판단하는 기준이 매우 명확해서 객관적 기준이 있는 것은 아니다. 상황에 따라 다를 수 있고 그걸 판단하는 사람의 과거 경험이나 현재 심리적 상태에 따라 다를 수 있다. 하지만 중요한 것은 판단 기준이 아니라 서로를 이해하고 공감하는 것이다. 비록 그 욕구가 직접적으로 표현이 되지 않더라도 알아차리는 민감함이 있다면 우리는 서로를 더 잘 알게 된다. 그런 민감함은 상대방뿐 아니라 자신을 덜 비난하고 더 사랑할 수 있도록 도와줄 것이다.

욕구에 민감해지려면 단지 신체적 욕구나 심리적 욕구라고 두루뭉술하게 말하기에는 부족하다. 보다 자세해질 필요가 있다. 그 이유는 우리 욕구가 본래 세밀하기 때문이다. 여기 비폭력대화에서 사용하는 욕구 목록을 소개한다. 이 목록은 인간이라면 누구나 가질 수 있는 보편적인 것들이다.

비폭력대화에서 사용하는 욕구 목록

자율성 자신의 꿈·목표·가치를 선택할 수 있는 자유, 자신의 꿈·목표·가치를 이루기 위한 방법을 선택할 자유

신체적·생존 공기, 음식, 물, 주거, 휴식, 수면, 안전, 따뜻함, 신체적 접촉(스킨십), 성적 표현, 부드러움, 편안함, 돌봄을 받음, 보호받음, 애착형성, 의존(생존과 안전), 자유로운 움직임(이동), 운동

사회적·정서적·상호의존 주는 것, 봉사, 친밀한 관계, 유대, 소통, 연결, 배려, 존중, 상호성, 공감, 이해, 수용, 지지, 협력, 도움, 감사, 인정, 승인, 사랑, 애정, 관심, 호감, 우정, 가까움, 나눔, 소속감, 공동체, 안도, 위안, 신뢰, 확신, 정서적 안전, 자기 보호, 일관성, 안정성, 정직, 진실, 예측가능성

놀이·재미 쾌락, 흥분, 즐거움, 재미, 유머

삶의 의미 기여, 능력, 도전, 명료함, 발견, 회복, 깨달음, 자극, 효능감, 인생예찬(축하, 애도), 기념, 중요성, 참여, 희망, 주관을 가짐(자신만의 견해나 사상)

진실성 진실, 성실성, 존재감, 일치, 개성, 자기존중, 비전, 꿈

아름다움·평화 아름다움, 평탄함, 홀가분함, 여유, 평등, 조화, 질서, 평화, 영적 교감, 영성

자기구현 성취, 배움, 생산, 성장, 창조성, 치유, 숙달, 전문성, 목표, 가르침, 자각, 자기표현

이러한 욕구를 처음 봤을 때 첫 번째로 욕구가 이렇게나 많다는 데 놀라고 두 번째로 부정적인 욕구가 없다는 것에 놀랐다. 단순하게 생각하면, 좋지 않은 걸 원하는 욕구도 분명히 있을 것 같은데 말이다. 비폭력대화에서 제시하는 욕구에 부정적인 것이 없는 이유는, 욕구는 보편적이며 욕구를 가진 경험으로 인해 서로 연결될 수 있다는 점 때문이다. 좋지 않은 것을 원하는 마음은 욕구라기보다는 욕구를 충족하는 수단으로 본다. 예를 들어, 길을 가다가 만두가 너무 먹고 싶은데 돈이 없다. 그 욕구를 충족시키려면 돈이 없으니 몰래 훔친다고 하자. 이 상황에서 욕구는 음식에 대한 신체적 욕구로 보편적이지만 그것을 충족하기 위해 훔쳐야 한다는 것은 하나의 부정적인 수단이 된다. 마음이 부정적으로 형성되어 있으면 수단도 부정적으로

가기 쉽다. 하지만 얼마든지 다른 수단을 취할 수 있다. 이를테면, 주인에게 사정을 해본다든지, 친구한테 돈을 빌려서 사 먹든지, 정 안 되면 욕구를 좌절시키고 자리를 떠나는 것도 생각해볼 수 있다. 수단에 대해서는 '욕구와 수단'에서 더 자세히 살펴볼 것이다.

욕구는 삶을 움직이는 동기이자 원동력이다. 우리는 무언가를 원하기 때문에 행동한다. 냉장고에 가는 이유는 시원한 것을 먹고 싶기 때문이다. 아이들이 쉬는 시간에 복도에서 떠들고 장난치는 것은 수업 시간에 놀 수 없던 자유를 누리고 싶어서이다(자유로운 움직임). 선생님에게 와서 사적인 질문을 하는 애들에게는 선생님과 좋은 관계를 맺고 싶고 친하게 지내자는 뜻이며(친밀감), 수업 시간에 잡담을 즐기는 아이는 자신이 모르는 부분에서 느끼는 열등감에서 벗어나고 자신이 주도하는 시간을 만들고 싶어서이다(주도성). 4교시에 끝나는 시간을 물어보는 학생은 배가 고프기 때문에 수업을 조금이라도 일찍 마쳐달라는 바람을 전달하는 것이다(음식, 휴식). 잘 모르는 걸 질문하는 아이에게 그것도 모르냐며 면박을 주는 친구는 자신이 알게 된 것에 대한 우월감을 과시하고 싶어서 그런 것이다(인정, 효능감).

욕구는 끊임없이 바뀐다. 학생의 생활을 예로 들어보자. 아침에 일어나서 맛있는 아침을 먹고 싶다는 욕구가 생긴다. 어제 저녁도 넘겼으니 배가 상당히 고프다. 음식에 대한 욕구가 가득 있는데 시계를 보니 지각할 것 같다. 지각하면 남아서 청소해야 하고 그러면 학원에 늦는다. 계획대로 진행되기를 바라는 마음에 아침을 포기하고 얼른 씻고 옷을 입는다. 집 밖으로 나갔는데 어젯밤 수행평가 과제를 놓고 온 게 생각났다. 오늘까지 제출해야 한다. 열심히 노력한 결과에 대해 정당한 점수를 받고 싶어 다시 집으로 돌아간다. 그런데 찾다 보니 시간이 촉박해져서 엄마한테 짜증 섞인 목소리로 묻는다. 엄마가 찾아주면 좋겠다는 도움의 목소리지만 초조해서 부드럽게 말하지 못했다. 엄마가 찾아줘서 고맙지만 표현도 못하고 과제를 들고 뛰기 시작한다. 지각하지 않아 안도감이 든다. 그런데 친구들이 시간표가 바뀌어서 1교시가 체육이란다. 체육복은 챙기지 못했다. 친한 친구에게 체육복을 빌리러 다른 반으로 간다. 며칠 전에도 그 친구에게 빌렸는데 또 도움을 받아야 한다고 생각하니 성실하지 못하다는 생각이 들어 죄책감이 들었다.

이번엔 교사의 예이다. 아침에 조회하러 반에 들어갔다. 무슨 일이 생겼는지 소란스러웠다. 무슨 일이냐고 물어봤는데 별일 아니란다. 아이들은 왜 담임인 나한테는 자꾸 감추는지 소외감이 밀려온다. 그래도 용기를 내서 다시 물어봤다. 아이들의 생활을 좀 알아야 소통할 수 있겠다는 생각에서였다. 그랬더니 한 녀석이 어제 친구와 게임을 하다가 싸웠다는 것이다. 오늘 아침에도 교문에서 만나서 다시 말다툼을 벌였다고 한다. 친구들 사이에서 생겨난 일이니 알아서 해결하라고 하고 싶었다. 오늘 수업도 많고 몸도 피곤해서 좀 쉬고 싶은 마음이 굴뚝같았다. 하지만 교사가 중재해주지 않으면 다시 싸울 것 같아서 둘을 교무실로 불렀다. 아이들이 긴장했는지 얼굴이 굳어 있다. 대화를 하려고 부드럽게 물어봤다. 애들이 좀 편안해져야 말을 할 수 있을 것 같았다. 처음에는 말을 안 하다가 한 아이가 자초지종을 말한다. 그 말을 들으니 그 애의 말에 공감이 간다. 그래서 뭘 원하냐고 했더니 사과를 받고 싶다고 한다. 상대편 아이에게 물어봤더니 사과를 하고 싶다고 해서 둘이 마주 보게 하고 대화를 하도록 했다. 원만한 해결이 된 것 같아서 기분이 좋았다. 애들을 보내고 시간표를 보니 다음 시간 수업 준비가 덜 된 것을 발견했다. 애들이 수업 준비를 열심히 한다는 말을 예전에 해준 것이 기억나서 그들을 실망하게 하고 싶지 않아 수업 준비에 박차를 가한다.

이 두 가지 예에서 알 수 있듯이 우리는 상황이 변하면서 욕구가 변하고 그것이 충족될 수도 있지만 그렇지 못할 때도 많다는 것을 알 수 있다. 알아차렸을지 모르지만 욕구가 변하면 거기에 따라 감정도 같이 변한다. 욕구는 겉으로 잘 드러나지 않는 대신 감정은 드러난다. 감정을 파악하고 그것을 따라가면 그것과 연결된 욕구가 보인다. 비폭력대화에 따르면 드러난 감정을 타고 욕구에 이르면 서로를 연결하는 대화를 할 수 있다. 감정을 알아차리면 그 안에 어떤 욕구가 있고 그것이 좌절되었는지 아니면 충족되었는지를 알 수 있어서 공감할 수 있게 된다.

욕구는 '지금 여기에서' 떠오르는 것을 알아차리는 것이 중요하다. 자신이 어떤 욕구가 있는지 이해하면 그에 따른 감정도 알아차릴 수 있다. 그러면 이유도 모른 채 폭발하는 감정에 휘둘리거나 매번 똑같이 반복되는 패턴에 갇히지 않을 수 있다. 예를 들어보자. 재미있는 수업을 계획해서 교실에 들어섰는데 심하게 장난치는 아이가 눈에 들어온다. 그런데 그 아이는 어제 지도하는데 대든 녀석이다. 갑자기 화가 나면서 싸늘하고 냉담하게 '모두 자리에 앉아!'라고 목소리를 깔며 말한다. 재미있는 수업 하려고 하던 마음을 모두 버리고 냉랭한 목소리로 교과서 수업을 한다. 기분이 나빠진 원인이 그 아이에게 있다고 생각만 하지 왜 그런지는 파악하기 어렵다. 이럴 때 자신의 감정을 따라가서 욕구를 알아차려야 한다. 감정은 욕구의 충족 또는 좌절의 표현이기 때문이다.

이 선생님의 욕구는 수업을 잘하고 싶은 마음 또는 애들한테 재미있는 교사로 인정받고 싶은 마음이다. 그래서 수업을 잘 준비해서 교실로 오는데 하필 장난치며 친구를 괴롭히는 아이가 지난번 자신에게 대든 아이다. 그 당시 아이를 이해시키고 소통하려는 욕구가 모두 부서지면서 좌절했던 기억이 떠올랐다. 그 아이를 지도하면서 좌절감을 또 겪고 싶지 않았다. 그래서 재미있는 수업을 하다가 그 아이와 혹시나 마찰을 빚지는 않을까 하는 우려가 생기면서 그런 수업을 하고 싶은 욕구가 좌절되고 실망한 마음이 무기력으로 연결돼서 갑자기 냉랭해진 것이다.

만일 자신의 마음 상태를 민감하게 알아차린다면 어떤 욕구가 있었고(성취와 인정) 그것이 왜 좌절되었는지(대든 아이를 보고 두려움이 생김), 그리고 거기에 따라 어떻게 행동하고 있는지(혹시나 또 좌절하게 될까 봐 냉랭하게 대함)를 알게 된다.

자신이 어떤 욕구와 감정을 갖고 어떻게 반응하며 살아가는지를 알아차리는 것은 '지금 여기에서' 나한테 주어진 무수한 가능성을 알아차리는 것과 같다. 과거에 살아왔던 삶이 지금도 똑같이 반복되리라는 법칙은 없으며 현재는 얼마든지 다르게 살 수 있는 가능성이 우리 앞에 놓여 있다. 위의 예에서 대들었던 아이와의 경험은 과거일 뿐이고 그것에 대한 두려움은 지금 여기에서 생기는 감정이다. 그리고 그런 감정과 연결되는 욕구는 성취와 인정 욕구이다. 욕구 좌절에 대한 반응으로 선택한 냉담함은 사실 성취하고 싶고 인정받고 싶은 욕구를 충족시킬 수가 없다. 그래서 원래 하려던 수업을 충실히 하고자 하는 마음을 되새기고 대든 아이에 대한 기억은 한쪽으로 치워둘 수 있다. 물론 심하게 장난친 부분은 적절히 다루어야 하지만 그건 상황을 좀 파악한 후 수업이 끝나고 다룰 수도 있는 문제다.

중요한 것은 과거의 삶이 아니라 현재의 삶이다. 과거는 지나갔고 미래는 아직 오지 않은 미지의 영역이지만 현재는 지금 나에게 주어진 선물과도 같다. '지금 여기에서' 욕구를 알아차리는 것은 삶의 중심을 과거나 미래에서 현재로 옮기는 것이다. 과거나 미래에 머무는 것은 불안과 염려, 그리고 특정한 패턴에 묶이는 것을 뜻한다. 과거에 실패했던 경험과 실망, 좌절, 분노 등의 경험이 자신의 삶에도 여전히 영향을 미칠 것이며 미래의 삶도 망가질 수 있다고 믿는 것이다. 그런 삶에는 현재가 선물로 보이지 않는다. 아니 현재란 존재하지 않는다. 그냥 과거를 반복하는 것뿐이다. 그러면서 오지 않은 미래를 걱정하며 산다. 하지만 지금 자신에게 떠오르는 욕구에 집중하면 지금 여기에 사는 자신의 삶을 알아차릴 수 있고 예전과는 다른 반응을 선택할 수 있으며 삶의 풍성함으로 들어갈 수 있다.

그렇다고 과거로부터 완전히 단절된다는 뜻은 아니다. 욕구가 좌절될 경우 그것은 언제고 다시 나타날 수 있다. 게슈탈트 심리학에 의하면 좌절된 욕구는 미해결과제가 된다. 그래서 자신을 알아차려달라고 지속해서 요구한다. 그래서 알아차림을 통해 드러난 욕구는 다시금 해결을 요구하고 그렇게 해결되는 욕구를 점점 늘리는 것이 문제 해결 능력이 된다. 하지만 욕구를 반드시 충족시켜야만 문제를 해결한다고 보는 것은 아니다. 좌절된 욕구를 잘 떠나보내는 것도 문제 해결 능력이다.

다음 예시는 학교에서 일어날 수 있는 다양한 상황들이다. 각 예시에서 나타나고 있는 욕구가 무엇인지 살펴보자. 그리고 각 상황에서 교육적으로 어떻게 대처하면 좋을지 살펴보겠다.

❇ 도덕 시간이다. 얼른 자리에 앉아야 한다. 도덕 선생님은 무섭다. 무서운 사람한테 항상 조심해야 한다. 딜레마를 주제로 하는 수업을 듣다가 선생님이 든 예가 잘 이해가 되지 않아서 옆 친구에게 물었다. 그런데 그 친구도 잘 모르겠다고 한다. 선생님에게 물어보는 게 두려웠지만 용기를 내서 손을 들었다.

→ 쉬는 시간에 자율성이나 놀이에 대한 욕구가 충족되다가 도덕 수업이 되면서 두려움에 그런 욕구는 쏙 들어간다. 수업이 무르익으면서 딜레마라는 개념을 듣는데 그것을 제대로 알고 싶은 앎의 욕구가 발동한다. 선생님에게 직접 물어볼 용기가 나지 않아 짝에게 물어봤는데 모른다는 대답을 듣고 그냥 넘

겨야 하나 고민이 된다. 그러다 앎에 대한 욕구에 집중하고 용기를 내서 손을 든다. 손을 들면 선생님의 주목을 받게 되고 그러면 친구들로부터 주목을 받게 돼서 혹시 놀림받을 것 같은 두려움도 들었지만, 이해 못 하는 애들이 많을 거라 생각해서 모두에게 기여를 해보자는 마음으로 한 것이다. 그럴 때 도덕 선생님이 이렇게 말해주면 그 아이의 마음을 잘 이해해주는 것이 된다. "내가 보기에 별로 이해하는 학생이 없는 것 같은데 네가 용기 있게 질문해줘서 반갑고 고맙다. 네가 손을 들어 질문해줘서 아마 다른 아이들도 너한테 고마움을 느낄 거라고 생각한다."

❧ 종이 울려서 수업하러 교실로 갔다. 그런데 빈자리가 여기저기 보인다. 서 있는 학생도 두세 명 된다. 칠판에는 애들의 낙서가 한가득하다. 수업하러 들어왔는지, 아니면 아이들 놀이터에 왔는지 모르겠다.

→ 수업하기 위해서 교실로 간 선생님은 그날 중요한 것을 설명하기 위해 준비한 자료가 있었는지도 모른다. 어떻게 하면 잘 이해시킬까 고민하면서 들어갔다면 아마도 긴장했을 것이다. 그래서 아이들이 준비를 잘해놓고 기다리기를 기대했는지 모른다. 수업에서 환대는 교사에게 열정을 불어넣어 주지만 무관심은 무시와 환멸을 느끼게 한다. 빈자리와 서 있는 학생들

은 환대는커녕 수업 시작부터 좌절을 안겨주는 요소가 되었다. 아이들과 소통하고 연결하고 싶은 욕구와 아이들을 잘 이해시키는 효능감, 능력, 성취에 대한 기대 욕구가 있는데 이것들이 좌절되고 만 것이다. 반면에 아이들은 반복되는 지루한 수업으로 인해 지치고 배우고 싶은 생각보다는 쉬고 싶은 생각이 앞서 있는지 모른다. 교사를 환영해주는 마음의 여유도 없으며 그렇게 수업 준비가 잘 안 된 것에 대해 교사가 잔소리하면 짜증이 배가 될 수도 있다. 이런 상황에서는 교사의 욕구 좌절과 학생이 욕구 좌절이 충돌하면서 수업은 엉망이 될 것이다. 먼저 교사가 자신의 욕구와 느낌을 읽고 자기 공감을 시도할 필요가 있다. '그래, 난 이번 수업에서 아이들이 잘 이해하기를 바라는 마음이 커. 어려운 개념을 어떻게 설명할까 고민하면서 심혈을 기울여 만든 자료가 있거든. 그런데 준비가 전혀 되지 않는 아이들을 보며 실망이 크다. 이 시간에 어떻게 수업을 이어갈까 불안하기도 하고. 게다가 이게 오늘만 두 번째잖아? 짜증과 분노가 나기 시작한다.' 그리고서 아이들의 마음도 읽어준다. '애들도 힘들 거야. 전 시간에도 지루한 수업을 계속 받았겠지. 지금이 5교시니 졸리기도 할 거고. 전 시간에 선생님이 아마 화를 냈을 수도 있어. 애들이 자꾸 궁지에 몰리면 그 안에 분노가 쌓여 있을 거야. 그러니 수업 준비할 여유가 없을 수도 있지. 애들 마음을 좀 읽어주고 시작해보자.' 이렇게 읽어주니 마음이 한결 편해지면서 여유가 생겼다. 하지만 무턱대고 수업을 시작하는 것보다 이렇게 말하면서 수업을 시작하면 아이들도 이해받고 있다고 느낄 수 있을 것이다.

"얘들아, 점심 이후라 좀 힘들지? 너희 마음이 수업에 대한 준비가 안 되어 있는 것 같구나. 정신없이 시작하는 학교가 싫기도 할 거야. 하지만 오늘은 중요한 개념을 꼭 해야 해. 그걸 잘 이해하면 앞으로 수업이 좀 수월해질 거야. 오늘 고민하면서 만든 자료가 있는데 너희들이 보면서 혹시 이해가 안 되면 물어보면서 같이 해보자."

❋ 시험을 이틀 앞두고 있다. 어제부터 시험공부를 시작했는데 친구들이 서로 물어보는 내용을 하나도 모르겠다. 내가 바보인가 싶다. 오늘 밤에는 아예 꼬박 새워야겠다. 커피를 진하게 타서 밤 10시에 먹고 과학을 다 끝내야겠다.

→ 중요한 시험에서 좋은 성적을 거둬서 자신이 유능하고 능력이 있음을 증명하고 싶다. 지금까지는 그러지 못했다. 친구들과 선생님들에게 무시당했다. 공부를 안 해서 그런 거지 나도 하면 잘할 수 있다고 보여주고 싶다. 그런데 마음대로 되지 않는다. 친구들 앞에서 그동안 공부한 것이 아무런 빛을 내지 못했다. 여기서 포기할 수 없다. 나의 존재를 드러내고 싶다.

얼마 남지 않은 시험을 위해서 모든 에너지를 동원해야겠다. 그래서 친구들과 선생님들에게 인정받고 싶다.

하지만 그런 욕구가 얼마나 충족이 될는지 알 수 없다. 밤을 새워 공부하는 것의 효과성은 그리 입증되지 않은 방법이다. 낮에 수업을 들으며 뇌가 활동해야 하는데 수업 시간에 졸면서 집중력은 흐려지고 몸의 피곤은 풀리지 않는다. 그리고 여기서 중요한 지점은 자신을 바보라 자책하며 조급해한다는 점이다. 그런 마음으로는 자신을 돌보는 삶을 잃어버리기 쉬워진다.

■ 반에서 도난 사건이 발생했다. 돈이 든 지갑을 잃어버렸다고 한다. 지난 시간에 특별실로 가면서 문을 잠그지 않고 간 사이에 벌이진 일이다. 복도나 교실에 CCTV가 없어서 누가 범인인지는 찾을 수 없고 아이들은 잃어버린 아이에게 집중하면서 수업을 하고자 하는 의지를 보이지 않는다. 그렇다고 무턱대고 조용히 시키고 수업하자고 하면 나를 몰인정한 사람으로 볼까봐 그렇게는 못하겠다. 한 시간 수업을 어떻게 하지?

→ 아마도 도난 사건으로 인해 혼란과 당혹스러움, 분노와 무기력, 침울함이 컸을 것이다. 그런 사건이 발생했으니 도둑을 잡지 못하면 앞으로도 일어날 수 있다는 두려운 마음에 겁도 났을 것이다. 수업 시간이 되었으니 그런 감정은 접고 수업에 몰두할 마음이 안 생길 수 있다. 도난당한 아이를 두고 아무렇지

도 않게 수업을 한다는 건 친구를 무시하거나 배신하는 것이라 생각이 들 수 있다. 교실을 잠그지 않은 것에 대해서 만일 책임지는 학생이 있다면 온갖 비난은 다 받았을 것이다. 그렇지 않다면 마지막에 나간 학생을 찾아 책임을 추궁할 수도 있다. 그러나 한편으로는 모두가 다 같은 마음은 아닐 것이다. 어떤 아이들은 그건 그거고 수업은 수업인데 수업을 이렇게 못하는 건 옳지 않다고 생각할 수도 있다. 교사가 아이들한테 말려들었다고 생각하고 무능하다고 비난할 수도 있다. 하지만 반 구성원 모두는 안전에 대한 욕구가 무너진 것이 사실이다. 서로를 의심할 수 있는 상황이 되면서 유대감은 깨지고 공동체 의식도 위협받는다. 아무도 자기가 했다고 자백하지 않으니 정직과 진실에 대한 욕구 또한 흔들린다. 아이들은 안전의 토대가 되는 것들이 무너진 상황에서 배움의 욕구가 생기지 않게 되었다.

교사는 수업하러 들어가서 알게 된 상황에 대해 당황스럽고 안타깝지만 수업까지 못 할 상황은 아니라고 생각할 것이다. 사건을 해결할 수 있는 위치가 아니기에 담임에게나 담당 부서로 넘기면 되고 수업을 하자고 종용하려고 생각할 것이다. 그러나 전혀 설득되지 않는 학생들을 보면서 실망과 더불어 화가날 수도 있다. 하지만 망연자실한 지갑 잃어버린 학생과 그에 동조하는 학생들에게 너무 가혹한 처사는 아닌지 걱정이 된다.

수업에 대한 책임을 다하고자 하는 욕구는 그렇게 좌절되고 안절부절못한 상태가 되면서 오히려 학생들에게 인정과 호감이 가는 교사로 남고 싶다는 생각이 들어찬다.

이런 상황에서 교사는 최대한 아이들의 마음에 공감해주면서 달래주고, 하지만 일을 지혜롭게 처리하기 위해서 할 일을 하자고 설득할 수 있다. 그렇게 하는 것이 수업이라는 공적인 행위에 성실함을 포기하지 않는 방법이 되기 때문이다.

■ 복장을 단속하지 않는다고 학부모가 교장 선생님에게 항의하러 왔나 보다. 교장이 불러서 뭐라고 했다. 규정에 나온 사항인데 지도해야 한다는 취지였다. 하지만 복장을 자꾸 통제하면 애들과 갈등이 생겨나고 그것이 어떤 교육적 취지가 있는지 잘 모르기 때문에 하기 어렵다고 대답했다. 하지만 교장은 막무가내다. 무조건 하란다. 이야기가 통하지 않아서 알겠다고 하고서 나왔다.

→ 학부모에 의해서 교사의 교육적 의도가 무너지는 경우는 왕왕 있다. 하지만 정확히 말하면 학부모가 아니라 학부모의 민원을 싫어하는 교장의 비교육적 행태이다. 학부모는 자신의 아이가 제대로 갖춰 입고 다니길 바라는 마음일 것이다. 그것이 사회에 걸맞은 질서이고 그 질서를 지키는 것이 학생의 본분이라는 관념을 갖고 있다. 그리고 그런 질서를 잘 지키는 것이 자식 교육을 잘했다는 증거로 남는다는 사회적 위신과 체면이 더

해진다. 교장도 같은 관념을 갖고 있다. 학생들이 교복을 제대로 입지 않는다는 것은 학교 질서를 어기는 행위로 보고 있다.

하지만 여기에는 아이의 욕구가 빠져 있다. 아이들은 교복을 불편해하며 교복이 주는 위상을 거부하고 싶다. 자기를 표현하고 싶고 개성을 실현하고 싶은 것이다. 교사는 아이들을 직접 가르치는 역할을 하고 있어서 그런 아이들의 욕구를 존중해주기를 원한다. 그리고 교복 입는 건 학교에서 가장 중요한 배움과는 별로 상관이 없다고 판단한다. 게다가 학교 민주주의는 배움의 대상이 아닌 주체로서 학생의 입장을 적극적으로 반영해야 한다고 믿고 있다. 그런 민주주의를 세워가는 것이 교사가 할 수 있는 전문성이며 아이들의 성장을 지원하는 길이라고 믿고 있다.

그러나 학교 조직에서 교장의 요구를 계속 거부하기는 힘들다. 자신의 주장을 몇 차례 피력해보지만 통하지 않는 불통의 아이콘 앞에선 소귀에 경을 읽는 일이다. 알겠다는 피상적인 답변을 하고 나오는 교사는 자신의 교육적 가치가 좌절되는 일은 어떻게든 막아보고 싶겠지만 그리 쉽지 않음을 자각한다.

사실 이런 경우 교장과 교사가 서로의 욕구와 감정을 읽어준다고 해서 쉽게 해결될 일은 아니다. 교장은 이미 학부모에게서 항의를 들은 상태이고 교사를 어떻게든 압박해서 자기 역할을 다하고자 다짐한 상태이기 때문이다. 하지만 서로의 보편적인 욕구를 알아차린다면 공감을 만들 수도 있다. 교장도 교사의 교육적인 마음을 반대하진 않는다. 다만 자신이 교장으로서 교사 하나 통제하지 못한다는 소문이 돌까 걱정스럽고 학생에게도 교장으로서의 권위를 증명해 보이고 싶을지도 모른다. 그러나 가장 중요한 건 아이들의 성장이라는 것에 동의할 것이다. 교사도 교장의 권위적인 모습에는 동의하지 않더라도 학교라는 사회의 질서를 세워가는 데는 동의할 것이다. 물론 어른이 정하고 아이들은 일방적으로 따라야 하는 방법보다는 아이들과 어른들의 소통으로 만들어지는 방법을 선택할 것이다. 이렇게 서로의 욕구를 존중하면 윈윈 상황으로 만들어갈 수 있다. 박재연 소장이 말한 것처럼 협력의 힘이 모아지는 것이다.

욕구는 겉으로 잘 드러나지 않아서 알아차리는 연습을 자주해야 한다. 자신의 욕구뿐 아니라 타인의 욕구도 알아차리려면 연습이 필요하다. 물론 처음에는 잘되지 않는다. 욕구의 이름도 잘 떠오르지 않고 다음 장에 설명할 수단과도 혼동된다. 다음은 욕구를 알아차리기 위해 자신과 대화하는 장면이다. 독백은 생각의 흐름인데 생각이 어떻게 흘러가는지 잘 보기 바란다.

아, 열 받네. 아니, 도대체 자기가 잘못해 놓고 왜 우리들한테 뒤집어씌워? 그 부장 말이야. 학년회의 때 분명히 의견을 모아서 부장 회의에서 잘 이야기한다고 해놓고, 거기서 교장이 그렇게 하면 안 된다 했다고 지금까지 논의한 사항을 뒤집어? 아니, 그렇게 할 거면 왜 부장을 해? 그냥 담임하지. 사람이 책임을 져야 할 거 아냐!

(잠시 후 화가 좀 가라앉는다) 그 부장도 불쌍하긴 하다. 담임들도 그다지 좋아하는 것 같지 않고 관리자도 별로 안 좋게 생각하는 거 같네. 회의에서 단칼에 자르는 걸 보면 신뢰를 얻지 못했을 거야. 그 인간이 그렇지. 어디에서 신뢰를 받지 못하는 사람이야. 사람이 좀 못났어.

(자신이 화가 난 이유를 생각해본다.) 근데 내가 진짜 원했던 건 뭘까? 사실 회의할 때도 교장한테 거절당할 거란 건 어느 정도 예상했던 거잖아. 그 부장도 그걸 말했었고. (생각하다가) 나는 학교가 민주화가 되는 것을 너무 기대했나보다. 단지 의견이 전달되는 걸 바라는 게 아니라 서로 소통하고 존중하고 지지하는 그런 공동체를 바랐던 거야. 그래서 의견을 모아서 부장회의 시간에 말하면 아마 들어줄 거라고 순진하게 생각했던 거 같아. 아직 학교가 그런 공간은 아닌데 말이야. 내 욕구만 생각했네.

그런데 그 부장은 뭘 바란 걸까? 혹시 교장한테 교사 의견을 모아서 가면 들어줄 거라고 진짜 기대한 걸까? 아니면 당장 담임들한테 잘 보이고 싶어서일까? 자신이 학년 부장으로서 담임과 잘 지내고 싶고 관리자한테도 잘 이끌고 있다는 인정을 받고 싶은 거겠지. 자신이 능력 있는 부장이라는 걸 증명해보고 싶었을 수도 있어. 그래서 자신만만하게 우리 앞에서 교장이 들어주게 만들겠다고 허언한 거야. 그런데 정작 교장한테 가서는 그게 안 통한 거지. 교장이 원하는 게 뭔지 아직 감을 못 잡았다고 자책하면서도 인정받기 위해서 교장의 요구를 그대로 수용한 거야. 아마 열심히 회의한 것이라고 피력하고 싶었을 거야. 우리 학년이 학교 발전에 뭔가 기여하고 싶은 마음에서. 그게 잘 안 되니까 실망하고 죄책감 들고 그랬겠지.

그래서 학년 회의에 와서 미안한 마음은 있지만 그걸 들키고 싶지 않아서 교장의 요구 사항을 전달하듯이 말한 거야. 우리가 항의하자 교장한테 결정 권한이 있다고 방패막이를 한 거고. 그리고 처음부터 잘 안 될 수도 있다고 말하지 않았냐고 도리어 큰소리친 거고.

내일 부장한테 가서 대화를 해봐야겠다. 나도 화를 냈으니까 미안하다고 하면서. 그래도 한 교무실에 있는데 서로 벽을 쌓고 살면 되겠어? 같이 협력하고 도움을 줘야 할 약자들인데.

생각의 흐름이 부장을 계속 비난하면서 회의가 잘 안 된 탓을 관리자와 부장에게 전가하는 것으로 끝나지 않음에 주목하면 좋겠다. 자신을 공감해주고 부장을 공감해주면서 대화의 여지를 남겨두었다. 이렇게 공감을 하면서 우리는 서로가 적이고 본질적으로 다른 존재가 아니라 공통된 인간성을 기반으로 각자의 욕구와 감정이 다르다는 걸 알 수 있게 된다. 하지만 욕구에 공감하려고 했을 때 분노하기보다 이해할 수 있게 되었고 비난보다는 연민의 감정으로 이어졌다.

다음은 학생과의 대화 장면이다. 상황은 교실에서 여러 번 떠들어서 교무실로 따라오라고 한 후에 교무실에서 대화한 것이다.

교사: 난 네가 수업을 방해했다고 생각해. 근데 왜 그랬어?

학생: 뭘 말예요? 제가 뭘 방해했다고 그러세요? 그리고 저만 그랬나요? 왜 저만 갖고 그러세요?

교사: (학생의 반항에 엄청 화가 나서 소리를 질러서라도 그 아이를 누르고 싶지만 참는다.) 그래, 너는 교무실에 불려온 게 화가 나나 보구나.

학생: 당연히 화가 나죠. 그걸 말이라고 합니까?

교사: (속으로) '그럼 말이지 방구냐?' (학생의 감정에 공감하려고 시도한다.)

너는 너 말고 다른 애들도 많이 떠들었었는데 너만 지적당한 게 화가 나는 거니?

학생: 네. 그거예요. 사실 저만 떠든 건 아니잖아요. 제 옆에도 앞, 뒤에도 다 떠들었어요. 그런데 저만 걸렸어요. 억울하지 않겠어요?

교사: 네 말대로라면 억울할 거 같아. 하지만 실제로 그럴까? 잘 생각해보면 주변 애들이 떠들기 전부터 너는 친구들에게 이야기를 하고 있었어. (교사는 설득하려고 시도한다.)

학생: 제가요? 그 전에는 옆에 애가 저한테 말 시켜서 한 것뿐이에요. 그것도 아주 짧게 했어요. 선생님이 뭔가 착각한 거라고요. (아이는 교사의 말에 반박한다.)

교사: (속으로) '이런, 계속 밀어붙이면 누군가가 지는 게임이 되겠는데?' 그래? 그럼 그렇다 치자. 내가 본 것이 짧은 순간이었을 테니까. 그런데 아까는 어떤 이야기를 한 거야? 네가 목소리가 커서 그런지 네 소리가 가장 크게 들렸어. 뭔가를 열심히 말하던데. 무슨 내용인지 말해줄 수 있겠어?

학생: 별거 아니었어요. 아까 선생님이 정치 제도에 관한 설명을 듣다가 전 대통령의 비리와 탄핵이 생각나서 그걸 이야기했어요. 그리고 사실 선생님 설명 때 이야기한 것도 아니고 모둠활동 하면서 말한 거예요.

교사: 그래, 네가 뭔가 연관된 재미난 이야기가 생각나서 열심히 설명한 거로구나. 친구들이 주목해주니까 기분도 좋았을 거 같다. 수업 내용과 연관되는 이야기를 했다니 마냥 떠든 게 아니어서 반가운 마음이 드네. 그런데 모둠 과제는 얼마나 했어?

학생: 그건… 조금밖에 못 했어요.

교사: 왜 조금밖에 못 했어?

학생: 이야기를 하다 보니 시간이 별로 없었어요.

교사: 그래, 그렇구나. 이야기가 좀 길었나 봐.

학생: 애들이 호응이 좋아서 저도 모르게 길게 했나 봐요.

교사: 그 와중에 내가 그만 이야기하고 과제 하라는 말을 못 들은 거야?

학생: 듣긴 했어요. 그런데 중간에 끊을 수 없었어요.

교사: 너는 뭔가에 몰두하면 멈추기 힘든가 보네.

학생: 네, 제가 좀 그래요. (조금 있다가) 죄송해요, 선생님. 과제를 해야 했는데… 제가 목소리가 좀 커서 다른 애들한테 방해가 되었다는 걸 자꾸 잊어요.

교사: 아, 그래. 그건 맞는 거 같아. 네가 인정해주니 반갑네. 사실 너를 불러서 혼내려고 했는데, 대화가 잘 된 것 같아서 나도 긴장이 풀리고 안심이 된다. 우리 약속 하나 하면 좋겠다.

학생: 네. 제가 목소리 좀 낮추고 수업에 좀 집중해볼게요.

교사: 그래, 네가 그런 약속을 해주니 내가 존중받는 거 같아서 고맙다.

학생: 네. 선생님도 차분하게 말씀해주셔서 저도 마음이 좀 편해졌어요. 앞으로 잘해보겠습니다.

교사: 그래, 우리 수업 잘해보자.

이 대화가 어떻게 들리는가? 교사는 처음에 그 아이를 부를 때 화가 나 있었다. 그래서 교무실에 가면서 어떻게 혼을 낼까에 골몰했을 수도 있다. 아니면 이 아이와 어떻게 약속을 하고 좋은 수업을 만들까에 초점을 두었을 수도 있다. 어떤 것이든 대화가 시작되었을 때 공격과 방어의 반응에서 벗어나 아이의 욕구와 감정을 읽어주면서 대화를 풀어 가면, 아이를 혼내고 억압하고 잘못을 시인하게 하는 것보다 함께 수업을 만들어가는 협력에 에너지를 쓰는 약속을 할 수도 있다. 쉽지 않은 일이다. 아이는 아이대로, 교사는 교사대로 각자의 생각과 입장이 있고 그것을 더 강화하면서 대화하는 것이 훨씬 익숙하기 때문이다. 하지만 그렇게 누군가 져야 하는 게임식 대화는 아무런 소득이 없다. 그 아이를 수업에 잘 참여시키는 게 더 어려워질 것이다. 피상적인 순응에는 인격적인 반응이 빠져 있어서 마음은 점점 더 멀어지고 교사는 그런 반응으로 인해 더 힘이 빠질 수 있다.

　욕구를 알아차리는 대화는 계속적인 연습이 필요하다. 비폭력대화의 창시자인 로젠버그는 조급함을 갖지 말고 천천히 하라고 조언한다. 조급함을 갖게 되면 연민의 마음, 즉 공감능력이 떨어진다. 하더라도 기계적으로 하게 되고 잘 되지 않는 것을 좌절로 받아들여 계속하고자 하는 의지가 꺾일 수 있다. 조금씩 천천히, 모두 다 하려고 하지 말고 하루에 한 번만이라도 시도해보면 좋겠다.

욕구와 수단

"선생님, 영수가 제 지우개 가져가서 안 줘요." 수업 시간에 과제를 준 후에 어김없이 나오는 중학교 1학년의 고자질이다. 서로 어떤 식으로든 장난을 하다가 해결이 잘 안 되면 나에게로 넘어온다. 근데 알고 보면 갈등을 해결하기 위한 게 아니라 선생님께 일러서 그 친구가 혼나는 상황을 만들어보고 싶은 것이다. 나는 애들의 장난에 말려든 교사가 되는 것이고. 그런 것들이 많다 보니 아예 수업 시간에 이르는 것을 금지하기도 했다.

그런데 그렇게 이르는 아이의 욕구는 무엇일까? 자신에게 시비를 건 친구를 골려주려는 것일까? 일종의 복수심인가? 그런데 그런 건 욕구라 볼 수 없다. 복수를 바라는 마음은 사실 평등을 바라는 마음이다. 평등을 얻기 위한 수단으로 복수를 선택한 것이다.

"선생님, 애가 기분 나쁘게 자꾸 놀려요. 그만 하라고 해도 자꾸 해요." 이런 아이의 호소에는 즉각 개입할 필요가 있다. 그냥 내버려 두면 싸움이 나든지, 한쪽이 피해자가 된다. 개입을 해보면 놀리는 가해자는 자신의 놀림에 친구가 반응을 하는 것이 재미있어서 그랬다고 한다. 그것은 놀리고 싶은 욕구인가? 장난치고 싶은 욕구인가? 장난치거나 놀리는 것은 수단이지 욕구는 아니다. 그런 수단의 근원이 되는 욕구는 친밀한 관계나 소속감일 가능성이 많다. 그런데 수단은 정반대로 취한다. 물론 장난이 친밀해지는 데 효과가 있다. 그러나 일시적일 뿐이다. 계속 하면 화가 나기 마련이다. 장난 외에 다른 수단을 취해야 친밀함과 소속감의 욕구가 채워질 수 있다. 이를테면, 친구의 말을 잘 들어주고 공감해주는 것, 친구가 도움이 필요할 때 기꺼이 도와주는 것, 친구와 함께 노는 것 등이다. 그런데 애들은 왜 친구를 놀리면서 친해지기를 바라는 것일까? 그건 아마도 친구들에게서 배워서 그런 것으로 보인다. 그런데 놀리는 것은 상대방의 감정을 쥐락펴락할 수 있음을 보여주고 싶은 우월감의 표출이다. 자신이 놀리는 것에 상대가 반응을 하면 마치 그 애가 미끼를 무는 것처럼 느껴지고 자신이 상대방을 통제할 수 있다는 환상에 빠진다. 아이들에게는 그런 환상과 친밀감이 교묘하게 뒤섞여 있다.

욕구는 보편적이어서 누구나 연결될 수 있지만 수단은 그렇지가 못하다. 파괴적인 수단을 선택하면 연결은 끊어진다. 상대와 분리되어 인격체로 대우하지 못하고 대상으로 취급을 하며 통제하려고 한다. 반면에 좋은 수단은 연결을 더 단단히 만들어서 소통과 유대감을 더 키운다. 우리는 좋은 연결을 통해서 기쁨과 행복, 그리고 사랑을 알게 되지만 좋지 않은 수단에 의해서 불안해하고 실망하며 분노한다.

다음의 몇 가지 상황에서 욕구와 수단이 어떻게 연결되며 좋은 수단과 나쁜 수단은 무엇이 있는지 생각해보자.

(사례 1)--•

나중이는 자꾸만 미루는 습관이 있다. 지금 당장 해야 하는 게 아니라면 일단 뒤로 미룬다. 그러나 마음은 언제나 불안하다. 뭔가를 해야 한다는 생각에 쫓기고 있지만 손에 일이 잡히지 않는다. 공부를 해야겠다고 생각하면서도 TV 앞을 떠나지 못한다. 친구가 톡으로 숙제 다 했냐고 물어보면 이제 곧 할 거라고 답하면서 움직이지 않는다. 그러다가 저녁 늦게 시작해서 다음 날 학교에 가서야 마무리한다. 그것도 언제나 대충하게 된다.

■ **욕구**: 나중이는 배우고 성취하고 성장하고 싶은 욕구가 있다. 뭘 해도 잘해보고 싶은 숙달과 전문성을 키우고 싶어 한다. 게다가 주변 사람들에게 인정받고 싶고 존중받고 싶은 욕구도 많다. 그러나 그의 완벽주의 탓에 잘하지 못하면 인정을 받지 못할 거라는 두려움에 계속 흔들린다.

■ **수단**: 그의 두려움으로 인해 그는 미루는 것을 수단으로 삼는다. 사실 미루면 욕구를 성취하기 어렵다는 것을 안다. 하지만 성취에 대한 욕구보다는 인정 욕구가 더 강하기 때문에 인정받지 못할 가능성에 대한 두려움으로 일에 착수할 수가 없다. 그래서 뒤로 미루면서 두려움을 회피하지만 불안은 쉽게 떠나지 않는다. 미루면 마음이 안정될 거라는 착각에 빠질 뿐이다.

→ 이 상황에서 나중이가 뒤로 미루기 때문에 좋지 못한 작품이 만들어지면서 배움과 성취, 성장의 욕구는 충족되지 못한다. 그것이 안타깝다면 미루지 말고 일찍 시작해야 하는데 두려움을 회피하고 싶은 마음에 자꾸 실패한다. 사실 인정받고 싶은 마음에서 완벽주의 기질이 작동하지만 좋은 작품을 만들

지 못하기 때문에 결국은 인정도 못 받고 만다는 점에서 그가 선택한 수단은 어떤 욕구도 제대로 충족하지 못한다. 그가 할 수 있는 일은 두려움을 직면하는 것이다. 두려움의 감정을 충분히 느끼고 거기에 붙은 생각을 분리하면 극복할 수 있다. 그러면 성취와 인정의 욕구를 충족할 수 있는 방법을 찾아낼 수 있을 것이다. 예를 들면, 해야겠다고 마음을 먹으면 바로 실천한다. 잘하고자 하는 마음은 버린다. 조급하거나 잘되지 않을 것 같은 두려움이 들면 잠시 다른 걸 한다. 시간이 많이 필요하다 싶으면 계획을 세운다. 이런 방법을 꾸준히 실천하면 미루는 습관을 고칠 수 있을 것이다.

사례 2

한수 선생님은 카리스마가 넘친다. 아이들을 한 손에 휘어잡는다. 선생님이 무섭게 한마디 하면 모두 숨죽이듯 조용하다. 다른 선생님들은 아이들이 힘들게 할 때 한수 선생님에게 부탁하기도 한다. 하지만 정작 한수 선생님은 자신의 그런 모습을 좋아하지는 않는다. 다만 애들을 통제하기 위해서 사용할 뿐이다. 그는 애들과 친밀감을 쌓기 원한다. 아이들과 자주 대화하면서 애들을 알고 싶고 그들의 고민을 들으면서 조언을 해주고 싶어 한다. 수업에서는 일방적인 주입식 교육보다는 서로 자신의 삶을 나누면서 발표하고 경청하는 능력을 키우고 싶고, 자신의 삶을 돌아보며 성찰하는 글을 쓰게 하고 싶다. 하지만 그가 주로 사용하는 방법은 교과서에 밑줄 긋기며 발표할 때 뒤에서 점수를 매기고 성적을 산출하는 일이다. 원하는 것과 하는 일 사이의 불일치는 그의 직업적인 전문성을 흔든다.

■ **욕구:** 한수 선생님은 소통, 연결, 존중, 상호성과 같은 욕구가 많아 보인다. 그래서 수업 시간에 그가 하고 싶은 것은 소통하고 서로 존중하는 것이다. 성찰을 통해 글쓰기를 하고 싶다는 것으로 봐서는 삶의 의미를 찾아 배우고 깨달음을 중요시하는 것으로 보인다. 하지만 카리스마를 동원할 때 그는 질서와 조화가 있는 예절을 강조하는 것으로 보인다.

■ **수단:** 한수 선생님이 취한 수단은 일단 강한 통제이다. 그는 존중과 질서의 욕구를 충족하기 위해서 카리스마 있는 모습으로 아이들을 통제한다. 하지만 여기에서 그의 문제점은 그의 주관적 판단이 강하게 작용하는 통제라는 점이다. 공동체가 함께 정하지 못하고 교사 개인의 판단이 크게 작용하면 구성원들은 눈치 보기를 하며 스스로 문제를 해결하지 못하고 선생님에게 맡기려고 한다. 강한 통제는 그 자리에서 효과적이지만 통제는 점점 더 구체화되어야 하고 매사에 개입해야 하는 피곤함

이 생긴다. 어떤 때는 용납하고 어떤 때는 화를 내는 등 불평등과 차별이 나타날 수 있다. 이것은 좋지 못한 수단이다. 또한, 일방적인 주입식 수업에서는 잘 가르치고 싶고 전문성을 향상시키고 싶은 욕구가 실현되지 못하고 있다. 그가 생각하는 교육에 근접하지 못한 방식이기 때문이다. 그는 교사의 전문성을 소통과 연결, 그리고 성찰에 두고 있다. 그런데 교과서에 밑줄을 긋는 것으로 정보를 전달하고 발표 수업에서 아이들의 능력을 키워주지 못하고 점수를 매기는 역할로 제한되어버린다.

→ 한수 선생님은 자신의 욕구를 충족시킬 수단을 아직 찾지 못하고 있다. 아니, 그보다는 새로운 수단을 찾아서 적용시킬 용기가 없다. 자신이 가진 카리스마의 효과성 때문이다. 그것을 놓으면 애들에 대한 통제를 잃어버려 혼란만 찾아올 것으로 생각하기 때문이다. 두려움 때문에 그는 결국 좋지 못한 수단에 매이는 것을 선택한다. 그가 만약 수업의 질서나 예절을 교육하려면 아이들에게 직접 물어보는 것이 좋은 수단이 될 것이다. 그건 교사만의 문제가 아니라 아이들도 인식하는, 아니면 인식해야 할 문제이기 때문이다. 이렇게 하면 어떨까? 아이들에게 문제 상황을 제시하고 어떻게 할지를 물어본다. 그래서 일련의 규칙을 정하고 거기에 서명함으로써 그것을 지키겠다는 다짐을 받는다. 그 과정이 매우 곤란하더라도 누구나 참여하는

자발성을 통해 만들어진 결과물이므로 모두를 구속하는 힘이 내부로부터 생긴다.

수업에서 소통하고 싶고 전문성을 키우고 싶은 욕구를 충족시키려면 어떤 수단이 좋을까? 교사의 전문성은 아이들의 배움에서 나온다. 아이들이 잘 배우게 하려면 아이들을 많이 참여시켜야 한다. 교사가 짜놓은 수업의 틀에 참여하는 것도 있지만 아이들이 특정한 매개체를 통해 자신의 목표에 도달하게 할 수도 있다. 글쓰기가 좋은 예라고 할 수 있다. 자신의 글을 쓰다 보면 자신의 삶이 나오게 된다. 그리고 글의 형식에 따른 문법이나 맞춤법, 글의 구조 등은 선생님이나 친구의 글, 서로에게 주는 피드백을 통해 나아질 수 있다. 그렇게 참여와 상호작용을 촉진시키면 아이들은 자신의 배움을 만들어가게 된다.

사례 3

수일이는 학교가 싫다. 꽉 짜인 수업, 너무도 짧은 쉬는 시간, 많은 평가, 일방적인 생활지도와 복장규정, 조회부터 종례까지 답답하다. 끝나도 딱히 할 일은 없지만 학교에 있으면 숨이 막힌다. 최근 친구들과 소원해지면서 답답함은 배가 되었다. 수업 시간에는 주로 넋 놓고 있다. 수업 내용을 이해하지 못하게 된 지도 몇 년 되었다. 예전에는 답답해서라도 공부를 했는데, 아무리 해도 안 된다는 걸 알고는 아예 포기했다. 마음에는 불안이 가득하지만 지금 당장은 별로 느끼고 싶지 않다. 학급 일은 청소 외에는 일절 신경 쓰지 않는다. 그런 모습에 담임이 잔소리하지만 별로 마음 쓰지 않는다. 자기는 그냥 졸업만 하고 싶다며 대꾸한다.

■.**욕구**: 수일이는 학교가 그의 자율성을 침해하고 있다고 생각한다. 자신의 꿈과 목표를 이루고 싶지만 갑갑하고 융통성 없는 학교에서는 그런 게 불가능하다고 판단한다. 수일이가 수업과 학급 일에 신경 쓰지 않게 된 배경에는 도전과 발견을 통해 삶의 의미를 찾고 싶고 즐거움과 재미를 추구하며 배우면서 뭔가를 이루어내고 싶은 욕구가 있다. 하지만 그런 욕구가 계속 좌절되면서 무기력을 학습했다. 수업에서는 알아들을 수 없는 말들이 계속 나오고 물어보면 그것도 모르냐며 망신을 주니 의미가 사라진 것이다.

■ **수단**: 수일이가 자신의 욕구를 충족하기 위해 취한 수단은 무기력이다. 무기력은 자신이 취한 게 아니라고 생각할 수 있지만 사실 무기력도 하나의 선택에 의해 만들어진 심리 상태이다. 자신이 할 수 있는 것이 없다고 생각하고 아무것도 하지 않음을 선택했기 때문이다. 그런 수단을 취한 이후 그는 완전히

무기력해졌다. 수업을 듣는 자세와 학급에서의 자세 모두 무관심으로 일관한다. 친구들에게도 마찬가지다. 소원해진 관계를 회복하거나 다른 친구와의 관계성을 만드는 데도 신경 쓰지 않는다. 그의 무기력은 삶의 의미마저 잃게 만들고 있다. 그를 아는 주변 사람들이 걱정을 안 할 수가 없다.

→ 수일이는 무기력이라는 늪에 빠져 있다. 그걸 빠져나와야한다는 건 본인도 알지만 이제는 익숙해져서 변화에 대한 거부감과 두려움이 그를 막는다. 신경 쓰지 않고 무관심하게 살아온 삶에는 분명 별다른 의미가 없지만 의미를 찾자니 막막한 것이다. 하지만 분명 돌파구는 있다. 그것은 그의 욕구에 집중하는 것이다. 그가 선택한 수단도 사실은 그의 욕구로부터 나온 것이다. 물론 욕구를 충족시키려고 했다기보다 좌절로 인한 고통으로부터 회피하려고 선택한 것이긴 하지만. 그래서 그의 욕구로 다시 돌아가면 그가 진짜 원하는 것이 무엇인지 드러낼 수있고 새로운 수단을 찾아 도전할 수 있다.

그는 자율성을 원한다. 그가 학교에서 자율성을 충족하려면 어떻게 하면 좋을까? 수업 시간에는 하기 어렵더라도 자율동아리 활동을 하면서 일정 부분 충족할 수 있다. 자율성이라고 해서 자기 마음대로 할 수 있는 것만을 뜻하는 것은 아니다. 단지 자율적으로 선택하고 그 선택에 대해 책임지는 자세라면 자율성은 키울 수 있다. 학교에서 자율성을 충족할 수 없다 하더라도 방과후에는 얼마든지 할 수 있다. 예체능 학원에 다닌다든지, 독서 계획을 세워 책을 읽고 친구들과 토론을 해볼 수도 있다. 친구들과 운동을 정기적으로 같이 할 수도 있다. 친구들이 없다고 해도 스스로 얼마든지 할 수 있다. 또한, 그가 갖고 있는 배움과 도전에 대한 욕구는 비록 수업에서는 어렵지만 학급 일에서는 적극적으로 역할을 맡아 해볼 수 있다. 그렇게 적극적으로 하다 보면 도전하며 성취하는 일이 점차로 늘어날 수 있다.

하지만 가장 중요한 것은 타인에게 꾸준히 지지와 격려를 받는 일이다. 자신의 열정에는 무기력이라는 커다란 장벽이 가로막고 있어서 쉽게 에너지가 공급되지 못한다. 하지만 외부로부터의 지원이 있다면 가능하다. 누군가 그에게 다가가 말을 걸어주고 힘내라고 용기를 북돋아준다면 그도 자신의 욕구에 집중할 수 있다.

●---●

지금까지 욕구와 수단을 사례를 통해 알아봤다. 하지만 삶 속에서 욕구와 수단을 발견하는 것은 그리 쉬운 일은 아니다. 그것에는 감정과 생각이 개입되어 있기 때문이다. 하지만 구분할 수 있는 간단한 기준이 하나 있는데 그것은 사랑과 두려움이다. 이 기준을 중심으로 좋은 수단과 나쁜 수단을 구분하는 기준 몇 가지를 제시해보고자 한다.

좋은 수단	기준	나쁜 수단
사랑	근원	두려움
높음	욕구 충족 가능성	낮음
익숙하지 않음	익숙한 정도	매우 익숙함
연결, 연대	관계	분리, 단절
공감과 협력의 힘	힘	비난과 처벌의 힘

욕구를 충족시키기 위한 좋은 수단은 사랑을 근원으로 한다. 사랑은 도전하는 용기이고 수용하고 용납하는 마음이다. 반면 나쁜 수단은 두려움으로 시작한다. 잘 안 될 것 같은 불안, 자신을 비난할 것 같은 두려움, 실패로 끝날 것 같은 걱정, 주변 사람들이 협조하지 않으면 어쩌나 하는 초조함, 지난번처럼 크게 실망할 것 같은 불길한 예감 등으로 인해 욕구를 충족하지 못하고 오히려 두려움이 가중되는 결과를 가져오게 된다. 그래서 좋은 수단은 욕구 충족 가능성이 높은 반면에 나쁜 수단은 낮다. 충족되지 않아 생기는 부정적인 감정은 부정적인 생각을 촉발하고 다시 부정적인 2차 감정으로 이어지는 악순환으로 인해 삶은 피폐해진다.

좋은 수단은 그동안 우리가 잘 하지 않았던 것이 많다. 익숙하지 않아서 어색하고 해보려고 하면 용기가 필요하다. 그러나 그럴만한 가치가 있고 그런 도전이 성장이 된다. 비록 실패하더라도 배울 수 있는 삶의 지혜가 담겨 있다. 반면에 나쁜 수단은 매우 익숙하다. 그건 노력하지 않아도 된다. 그냥 아무 생각 없이 평소처럼 하면 된다. 물론 언제나 그런 것은 아니다. 하지만 우리는 사랑보다는 두려움에 더 익숙하다. 사랑으로 발걸음을 내딛는 노력을 하지 않으면 두려움에 머무는 것이고 나쁜 수단을 추구할 가능성이 더 높다.

좋은 수단은 연결과 연대로 나아간다. 사람들을 연결시키고 연대하는 마음을 갖게 한다. 차이점이 있지만 서로 연결되어 있다는 생각을 버리지 않는다. 예를 들어, 소통을 잘하기 위해 공감이라는 수단을 취하면 소통이 원활해지면서 마음은 가볍고 뿌듯해진다. 그래서 앞으로도 공감과 협력하는 데 에너지를 쓰게 된다. 반면 나쁜 수단은 분리하고 단절시킨다. 소통하고 싶은 욕구를 약점을 잡아서 놀리고, 자기 위주로 말하고, 중간에 말 끊는 등의 수단으로 표현하면 그 사람과 절대 대화를 나누고 싶지 않을 것이다. 또한, 나쁜 수단은 죄책감과 수치심에 머물며 타인을 약자로 만들기 위해 비난을 사용한다. 만약 그 당사자가 아이면 교육을 빙자해 처벌하려고 할 것이다.

욕구 환영하기

올해 정말 오랜만에 중1 담임을 하고 있다. 근 10년 만이다. 중1 담임을 처음 할 때는 정말 어려웠다. 청소를 구역별로 시키고 검사받으라고 했더니 다른 아이 검사해주고 있는데, 자기 다 했다고 10번은 말하는 아이들을 보며 정이 다 떨어졌다. 기다리라고 해도 막무가내였다.

이렇게 중학생 아이 중에는 자기를 볼 때까지 불러대는 아이들이 있다. 도무지 기다릴 줄 모른다. 하지만 생각해보면 기다림에 지쳐서 그냥 넘어가는 게 싫은지도 모르겠다. 선생님을 부르는 아이들은 많고 선생님도 일일이 답해주기는 어려워 처음만 몇 번 반응해주다가 그냥 넘어가는 경우가 종종 있기 때문이다.

수업 시간에 과제를 주고 하라고 시간을 주면 좀 있다가 손이 올라온다. 가서 차분히 옆에서 설명해줄라치면 여러 명이 동시에 나를 불러댄다. 다른 사람 도와줄 때는 부르지 말라고 지시한다. 하지만 이내 곧 손 여럿이 올라간다. 한 아이를 도와주다가 허리를 펴면 2~4명이 동시에 손을 든다. 나름 순서를 정하고 한 아이에게 가서 도와주고 다른 분단으로 가는데 중간에 손을 드는 학생에게 멈춘다. 그러다 보면 저쪽 끝에 있는 아이는 손을 4~5번은 들어야 선생님에게 물어볼 수 있다. 어떤 아이들은 아예 나를 자기한테 끌고 간다. 손오공처럼 머리털 뽑아 분신을 만들고 싶을 때가 한두 번이 아니다.

그렇게 자기 욕구를 적극적으로 펴는 아이들 덕분에 교사 생활이 좀 고단하다. 쉴 새 없이 말을 하는 아이들, 끊임없이 와서 고자질하는 아이들, 천방지축 이리저리 뛰어다니는 아이들, 수업 시간만 되면 가만히 있지 못하고 물 마신다, 화장실 간다, 친구한테 물어보러 간다, 사물함에 가지러 간다 등등 정신 사나운 아이들이 있다. 그 아이들은 몸으로 자신이 원하는 것을 꾸준히 표현하기에 그들의 욕구를 억제하고 싶을 때가 많다. 그들에게 주로 하는 말은 '그만!', '좀 참아라.'이다.

그런 아이들이 학년이 올라가면서 점차로 질문하는 횟수도 줄고 나중에는 시체놀이를 하며 학교에서 시간을 때운다. 그런 데에는 학교와 시험제도가 큰 역할을 하지만 나이가 들면서 점차로 자신의 욕구를 표현하는 횟수가 줄어드는 건 사실이다. 아마도 나이가 들면서 타인과 같이 살아야 하는 사회라는 사실을 깨닫기 때문이리라. 자신의 욕구만 생각하면 이기적인 사람이 될 수 있음을 알아가면서 자기 중심성에서 벗어나는 건 환영할만하다. 하지만 집단의 요구와 상사, 선배 등의 수직적 구조의 질서에 자신의 욕구마저 파묻히게 되는 건 바람직하지 않다. 그러면서 욕구를 희생해야 하는 자신이 불쌍해지고 그걸 강요하는 타인과 환경에 대해 분노가 쌓인다. 그래서 욕구가 있어도 그걸 충족시킬 가능성이 낮은 수단들을 사용하게 된다.

개인이 사회에 묻히는 건 좋지 않다는 걸 알지만 욕구를 환영한다는 말은 중학교 교사로서 좀 부담이 된다. 아이들의 수많은 욕구를 다 받아줄 자신도 없고 그들이 정신없이 구는 모습에 자주 지치기 때문이다. 그럼에도 불구하고 아이들의 생기 있는 모습이 아무런 반응도 보이지 않는 것보다는 훨씬 낫다. 생기가 있다는 것은 그만큼 삶에 활력이 있다는 말이고 그런 아이들 사이에서 나도 덩달아 생기를 갖게 된다.

살아 있기에 욕구가 생기는 거라면 욕구는 언제나 환영이다.

그렇다고 주변 사람들의 욕구를 모두 채워야 하는 책임을 갖는 것은 아니다. 하지만 욕구는 살아 있음을 뜻하는 것이므로 비록 충족이 안 되는 경우가 많다 하더라도 이를 환영하는 것은 의미가 있다. 욕구를 환영한다는 말의 의미는 이렇다. 첫째, 욕구를 부정하지 않아야 한다는 것이고 둘째, 자신 안에 있는 욕구가 무엇인지를 알아차린다는 것이고 셋째, 욕구를 충족시키기 위해 좋은 수단을 생각하라는 것이고 넷째, 상대방의 욕구도 환영하면서 함께 춤을 추라는 것이다. 세 번째까지는 앞에서 어느 정도 설명한 부분이고 넷째만 좀 다루면 될 듯싶지만 욕구를 환영하는 것이 무엇인지 전반적으로 이야기하기 위해서 하나씩 짧게라도 짚어보겠다.

첫째, 욕구를 부정하지 않는다는 것은 두 번째인 욕구를 알아차린다는 것과 크게 달라 보이지 않는다. 하지만 자신이 욕구를 부정하고 있다는 것부터 알아차리는 게 순서상 맞는 것 같다. 자신이 욕구를 부정하고 있음을 알아차려야 자신의 현 상태를 제대로 진단할 수 있고 그렇게 되면 지금 여기에 자신의 욕구는 무엇인지 찾아보는 연습을 해볼 수 있을 것이다.

우리는 욕구가 좌절되면서 점차 자신의 욕구를 표현하지 않게 되는데 이것이 지나치면 아예 부정하게 된다. 내가 욕구 목록을 봤을 때 그것들이 익숙한 단어였지만 내 욕구라는 생각은 못 했던 것처럼. 하지만 하나씩 곱씹어서 생각해보면 어느 때이고 가졌던 욕구들임을 알 수 있다. 다만 그런 욕구를 그 순간에 느낀 적은 거의 없고 단지 내 감정을 어떤 식으로든 표현하고 있었을 뿐이다.

둘째, 지금 여기에서 갖고 있는 욕구가 무엇인지 파악하는 것은 자신이 원하는 것이 무엇인지를 파악하고 왜 그것을 원하는지 생각해보는 것이다. 보통 원하는 것은 '욕구와 수단'에서 살펴본 수단일 경우가 많다. 수단은 겉으로 드러난 표현일 뿐 그 속에 담긴 욕구는 아니다. 여기서 부정적인 욕구는 없으며 단지 부정적인 수단이 있을 뿐이라는 것을 기억해야 한다. 부정적인 수단은 비난과 처벌의 힘은 사용하고 싶어 하는 마음이고 이는 연결이 아니라 단절을 가져온다. 자신의 욕구를 알아차리고 환영하는 이유는 자신과 연결되어 자신의 존재 의미를 깊고 풍성하게 만들기 위함이다.

셋째, 욕구를 충족하기 위해서는 긍정적이고 좋은 수단을 사용해야 한다. 앞에서 살펴봤듯이 욕구를 충족하려면 좋은 수단이 필요하다. 나쁜 수단은 욕구를 충족시키는 것이 아니라 부정성을 강화시킬 뿐이다.

넷째, 자신의 욕구와 상대방의 욕구를 연결시키고 함께 충족시킬 방안을 찾아야 한다. 우리는 함께 살아가면서 서로의 욕구로 충돌할 때가 많다. 그럴 때 생기는 갈등은 당시에는 고통스럽고 회피하고 싶지만 그런 갈등은 사회가 발전하는 데 중요한 기반을 제공하기도 한다. 하지만 갈등을 해결할 때는 많은 경우 개인을 먼저 생각할 것이냐 아니면 집단이나 사회를 먼저 생각할 것이냐의 문제가 생긴다. 개인을 먼저 생각하면 각 개인마다의 욕구를 어떻게 만족시키는가의 문제로 이어진다. 그렇다고 집단을 먼저 생각하면 부와 권력이 편중되어 있는 대부분의 사회에서 가진 자의 욕구가 그렇지 않은 자의 것보다 더 중시되는 건 언제나 있어 왔다. 부와 권력이 욕구 충족의 수단으로 이어지는 건 결코 좋은 것이 아니다.

그래서 시작은 항상 개인이어야 한다. 개인을 떠나서 시작한다는 것은 처음부터 자신이 부정당함을 의미한다. 집단이나 공동체를 더 중요시하면 그 속에 사는 각 개인은 단지 전체의 부분밖에 되지 않는다. 각 개인은 부분이 아니라 전체이다. 즉 개인이 존중받음이 전체로 확산될 때에만 온전한 공동체가 될 수 있다. 개인이 집단의 목적을 이루는 수단이자 대상이 될 때 그것은 특정한 개인 ― 권력을 가진 자 ― 에게 봉사하게 된다. 그래서 욕구는 먼저 개인적인 욕구를 가리켜야 한다.

지금까지 논의한 바를 이렇게 결론 내릴 수 있다. 한 개인은 그 자체로 존중되어야 하며 집단이나 조직에 속한 일개 구성원으로 취급당하지 않아야 한다는 점에서 개인의 욕구는 소중하다는 것과 그렇지만 개인의 욕구는 반드시 충족되어야 하는 것이 아니라 타인과 상호작용을 통해 공동의 삶을 만들어 가는 목표에 부합해야 하기 때문에 좌절을 경험할 수 있고 타협이 필요하다는 것이다. 하지만 이 두 가지 것을 온전히 이해하고 실천하는 것은 그리 쉬운 일이 아니다. 자신의 욕구를 알아차리고 이를 충족하기 위해 움직이는 것이 타인의 움직임과 함께 공존해야 한다는 것은 얼핏 이해할 수 있어 보여도 사실 실천하다 보면 모순적이고 양자택일로 이해하는 경우가 많다.

다소 유치하지만 쉬운 예를 하나 들어보겠다. 배가 고파서 뭐라도 먹고 싶은 생각이 들었는데 친구가 간식으로 과자를 먹는 걸 본다. 갑자기 먹고 싶어 좀 달라고 한다. 하지만 친구도 배가 고파서 막 먹으려는 참이다. 그 상황에서 친구는 자기 것을 떼어주지 않으면 잘못하는 것 같은 느낌이 드는 게 싫어서 거절한다. 자기 걸 자기가 먹는데 죄책감 가질 이유는 없기 때문이다. 그런데 배가 고픈 상태에서 한 부탁이 거절되면 자존심이 상하기 마련이다. 상대의 거절은 그냥 욕구의 좌절로 그치지 않는다. 존중받지 못하고 무시당했다는 정서적 상처로 연결된다. 먹을 걸로 싸우는 건 치사해서 별거 아닌 것처럼 넘어가지만 마음은 이미 복수를 꾀하고 있다. 그 친구에게 골탕을 먹이고 싶어 보복할 거리를 찾는다. 아무리 머릿속에서는 상대방의 간식을 탐하고 있으며 잘못을 먼저 했다고 외치더라도 한 번 상한 자존심은 그런 이성적인 말을 용납하지 않는다.

배가 고파서 먹고 싶은 기본적인 욕구를 충족하기 위해서 친구에게 부탁한 수단을 나무랄 수 없다. 부탁하는 것 자체는 전혀 나쁘지 않다. 하지만 그것이 거절됐을 경우 어쩔 수 없이 자기 욕구를 포기해야 하는 상황이 된다. 자존심이 상하고 자신이 처량해지기까지 한다. 아니, 뒤집어서 생각해보면 그 친구가 조금만 나눠줬다면 이런 상황은 발생하지 않았을 수도 있다. 욕심꾸러기처럼 나눠주지 않는 그 친구가 잘못이다. 그런데 자존심이 상하든 친구를 비난하든 둘 중 하나가 책임져야 하는 양자택일의 상황은 똑같다.

자기 잘못 아니면 상대의 잘못이 되는 이런 상황은 아이들의 경우뿐 아니라 어른에게도 흔히 발생한다. 나의 예를 들어보겠다. 수년 전의 일이다. 담임의 업무 중에는 통계 자료 제출이 있다. 이건 아이들에게 중요하지는 않지만 학교 업무로서는 중요하다. 그런데 마감 시한을 넘겨서 제출했다. 그랬더니 그 담당자가 나한테 '지금 나한테 엿 먹이는 거야?'라고 말했다. 그때 충격은 아직도 여전하다. 그는 왜 그런 말을 했을까? 통계 처리해서 교육청에 보고해야 하는 기한은 정해져 있고 내가 거기에 빠듯하게 냈을지도 모른다. 난 그 공문을 본 일이 없고 담당자도 언제까지 보고라고 말하는 경우는 없었기 때문에 난 학교 내에서 담당자가 정한 기한을 넘겼을 뿐이다. 그래서 그게 뭐 그리 대수라고 하는 생각이 들었다. 나도 일하다 보면 기한 넘기는 선생님들을 많이 보니까. 하지만 아마도 그 선생님은 자신이 맡은 업무를 충실히 하고 싶은 욕구가 많았는지 모른다. 기한에 임박하거나 넘기면 무능한 교사가 되는 걸로 생각했을 수도 있다. 행정 처리를 늦게 하게 된 것에 대한 분노가 마지막에 낸 나에게 쏟아진 건지도 모른다. 자기 욕구 좌절의 원인을 늦게 낸 나에게 있다고 본 그의 시각은 욕구 좌절을 양자택일의 문제로 봤던 것이다.

일상생활 속에서 욕구의 양자택일 문제는 늘 있다. 이것은 개인 간의 갈등인 경우도 있지만 그 개인을 둘러싼 무리의 갈등으로 번질 수도 있고 그 개인의 신분이나 지위 면에서 상하 관계가 형성된다면 권력의 문제가 되기도 한다. 누구 하나는 욕구의 좌절을 경험해야 하고 그 좌절로 인해 생기는 분노는 특정한 대상으로 향하는데 그런 상황은 함께 공존하는 세상을 만드는 데 상당한 걸림돌이 된다.

욕구의 충돌을 막기 위한 방편으로 누군가의 욕구를 좌절시키는 것은 승자와 패자를 가르고 우월감과 열등감을 일으켜 세상을 자존심 대결의 장으로 만들 수 있다. 교사가 아이들의 싸움에 개입해서 사과로 모든 걸 마무리하려고 한다면 당사자 그 누구도 만족하지 못하는 해결이 될 수 있다. 사과를 하는 쪽은 굴욕감에, 사과를 받는 쪽은 일방적이면서 겉치레에 불과한 사과에 불쾌감을 안게 되기 때문이다. 하지만 이런 해결방식은 늘 있던 보편화된 방식이기에 더더욱 문제다. '네가 참으면 다 해결되는 거야.', '이건 반드시 네가 이겨야만 해. 안 그러면 넌 계속 무시당하고 살 거야.', '네가 어떻게 해볼 수 있는 게 아니잖아. 현실적으로 잘 생각해봐.' 등등 우리는 많은 경우 참거나 끝까지 싸워서 이기는 방식을 택한다. 하지만 결국은 서로 간의 깊은 상처로 남게 된다.

욕구 충돌의 상황에서 양자택일로 가는 건 어쩔 수 없는 것으로 보이겠지만 이런 해법은 욕구를 잘못 이해하기 때문에 나오는 것이다. 욕구는 단순히 뭔가를 하고 싶다는 것이 아니다. 욕구는 우리 존재와 깊게 연결되어 있다는 점, 그러니까 우리 존재가 온전해지는 데 필수적임을 인식해야 한다.

여기서 온전함이란 완전함과는 매우 다르다. 우리는 결코 완전하게 될 수 없지만 우리의 자아는 끊임없이 완벽해지려고 한다. 결점 없이 일을 수행하기, 남에게 뒤처지지 않기, 말을 할 때 절대 실수하지 않기, 발표할 때 '우와!' 소리가 나오게 하기 등등. 물론 노력하면 어느 정도 달성할 수는 있다. 하지만 그런 완벽함에 도달하지 못했을 때 우리 자신에게 돌아오는 실망으로 인해 우리는 계속해서 좌절에 부딪힐 수밖에 없다. 완벽해지려고 하는 삶에는 끊임없는 비교를 통해 우월 하고자 하는 마음이 항상 도사리고 있으며 결과적으로 분리와 소외를 겪게 된다. 자신이나 타인을 비난과 처벌의 힘으로 통제하고 이를 통해 남보다 조금이라도 우위를 차지하려는 욕망은 우리를 낮은 의식 수준으로 몰고 간다. 우월감을 가지려고 할수록 열등감은 더 커지고 완벽해지려고 할수록 좌절의 늪에 더 깊이 빠져든다. 하지만 비난을 포기하지 못하는 이유는 그렇게 하면 조금이라도 자신이 더 나아보이고 그것만이 자신을 곤경에서 구해줄 것이라고 강하게 믿기 때문이다. 열등감을 느끼면 다시 우월감을 느끼도록 하면 된다는 생각은 열등감과 우월감의 연결고리를 더욱 공고하게 만들 뿐이다.

반면에 온전함은 우리가 불완전한 존재임을 자각함과 더불어 불완전함 속에서 존재의 고귀함이 충분히 드러나도록 존중과 믿음으로 자신과 타인을 대하는 것을 뜻한다. 이는 어차피 해도 안 됨을 자각하는 자포자기나 무기력을 의미하는 건 아니다. 단지 완벽해지려고 하는 욕망을 포기했을 뿐이다. 잘 안 됨을 받아들이면서도 아쉬운 마음에 더 해보려고 하는 노력을 부정하지 않는다. 다만 그러한 노력이 자신과 타인을 비난하지 않고 존중의 자세를 잃어버리지 않는 것이다.

비난을 멈추는 것이 존중의 시작이다. 비난을 통해 우월감을 느끼고 우위에 있음을 증명하고 싶은 욕망을 버려야 한다. 다른 사람이 잘못했고, 내가 더 낫다는 것을 자랑하고 싶고, 내가 더 많이 알고 있음을 알려주고 싶고, 내 논리가 더 뛰어남을 증명하고 싶은 그런 마음이 들 때 잠시 멈추고 그것이 나를 드러내고 우월함을 보이고 싶은 건 아닌지 한번 생각해볼 필요가 있다. 그리고 타인이나 자신이 했던 말이나 행동에서 드러난 수단보다는 그 뒤에 숨어있는 욕구에 초점을 두어야 한다. 그 욕구를 인정해주는 것이 존중이다. 다만 그 욕구를 충족하기 위해 그가 취한 수단에 대해서는 대화를 통해 드러내고 그것이 과연 욕구를 충족할 수 있는 것인지, 상호 간에 이익을 주는지, 그런 수단을 택한 마음은 어떠한지 등에 대해 탐구해야 한다.

욕구를 환영한다는 뜻은 개인의 욕구에 한정되지 않고 타인과의 연결을 전제로 한다. 그렇다고 타인의 욕구를 우선시하라는 말은 아니다. 연결이란 그 누구도 무시하거나 우선시하지 않는 상태에서 서로를 존중하며 연결지점을 찾는 것이다. 예를 들어, 학생이 수업 시간에 좀 쉬고 싶다고 했을 때 수업에서 함께 배우고 함께 성취하는 노력을 중요시한다면 그 학생의 욕구를 무시하기 쉽다. '너만 쉬고 싶은 게 아니야. 나도 쉬고 싶어. 하지만 수업 시간이니까 안 돼!' 이럴 때 학생과 연결이 되지 않으며 그 학생은 소외감을 느낀다. 이렇게 말해보면 어떨까? '쉬고 싶다고 말하는 걸 보니 피곤한 모양이구나. 그럼 조금만 더 하자. 다른 애들도 보니까 힘들어하던데, 수업을 좀 일찍 끝내보도록 할게.' 이건 단지 그 아이의 욕구를 받아넘기는 수법으로 이해하기보다는 진짜로 실천하는 게 좋다. 수업을 일찍 끝내면 어떤지에 대해 아이들에게 물어보고 다들 동의하면 일찍 끝내주는 게 좋다. 만약 하다가 상황이 바뀌면 미안한 마음을 말해주면 되지 않을까? 그런 상황은 언제나 있으니까.

욕구로 타인과 연결한다는 말은 자신의 욕구를 잘 알아차리는 것의 중요함을 뜻하기도 한다. 자신의 욕구조차 전혀 인지할 수 없는 상태에서는 타인의 욕구도 무엇인지 파악할 수 없기 때문이다. 자신의 욕구를 잘 알아차리는 사람은 타인의 욕구도 잘 알아차릴 수 있다. 이는 마치 우리가 어디에 초점을 두는가에 따라 보고 듣는 정보 중 어떤 정보에 집중하는가와 같다. 예를 들어, 헤어스타일을 바꿨는데 마음에 들지는 않고 어떻게 하면 좋을지 고민하다 보면 비슷한 헤어스타일을 하는 사람들이 눈에 들어오고 그들의 스타일을 자세히 보게 된다. 모자를 사야겠다고 마음을 먹으면 이상하게도 모자를 쓴 사람들이 눈에 들어온다. 이것은 우리의 경험적인 측면과도 연결된다. 예전에 했던 경험은 우리에게 그대로 남아 비슷한 경험을 한 사람들과 쉽게 공감할 수 있다. 예전에 학생들하고 농구 경기를 하다가 오른쪽 발목 인대와 오른손 팔꿈치 인대가 동시에 늘어난 적이 있었다. 그때의 아픈 기억은 지금도 남아 인대가 늘어나서 고통스러워하는 학생들에게 공감을 표현하는 데 유용하다. 이처럼 자신의 욕구를 잘 알아차리게 되면 알아차리게 된 과정에서 얻은 감각이나 통찰로 타인에 대해서도 이런저런 추측을 하게 되고 어느 때는 타인보다 더 잘 알아차리기도 한다.

'우리는 모두 연결되어 있다.' 예전에 위안부 할머니를 위한 수요집회에 갔을 때 봤던 문구이다. 이 말을 이렇게 바꿀 수도 있다. '우리는 모두 욕구로 연결되어 있다.' 그래서 욕구를 환영한다는 또 다른 의미는 우리 모두가 좋은 가치를 바라는 욕구로 연결되어 있기 때문에 더 나은 사회를 만들어 가는 데 원동력이 될 수 있다는 것이다. 2017년 추운 겨울 100만에 가까운 인파가 모여들어 촛불을 들고 박근혜 퇴진을 외치며 적폐 청산을 요구했다. 촛불은 작고 힘이 없지만 수많은 사람들 손에 들린 촛불은 위대한 힘을 발휘했다. 1955년 12월 당시 버스에서 흑인과 백인의 자리는 구분되어 있었다. 하지만 로자 파크스는 이를 거부했고 경찰에 체포되었다. 공권력이 그를 억압했지만 이를 계기로 미국 전역에서 흑인 인권 운동은 들불처럼 번져 갔다. 그래서 그 유명한 마틴 루터 킹의 'I have a dream' 연설이 나온 계기가 되었다.

최근 미국 배우들의 성희롱 및 성추행을 고발하는 'me, too' 운동이 시작된 이후 우리나라에서도 어둠에 가려져 있던 사건들이 용감한 여성들로 인해 세상 밖으로 나오게 되었다. 유명 연예인, 정치가, 연극 감독, 군인, 판사 등등 사회에서 성공했다고 여겨질만한 위치에 있는 사람들이 이 운동에 의해 추하고 악한 행위가 드러났다. 그들의 행위에 대해 공분할 수 있었던 것은 우리 모두의 마음에는 평화와 평등을 원하고 존중과 사랑에 대한 욕구가 있기 때문이다.

교육을 하면서 욕구를 기반으로 가치를 일깨워줄 수 있다. 예를 들어, 반에서 친구들끼리 욕하고 물리적인 폭력을 행사하여 싸운 경우, 그것을 본 반 친구들의 공포, 불안, 평화롭게 살고 싶은 욕구의 좌절에 대해 책임질 것을 말해주고 공개 사과하도록 한다. 처음에는 꺼려 하지만 친구들에게 해를 끼쳤다는 부분을 인정하고 사과하는 것이 책임지는 일임을 수긍한다. 누군가는 이것을 낙인효과라 하지만 공동체의 평화를 유지하기 위한 좋은 수단이라고 생각한다. 자기 행위에 대해서는 책임을 져야 하는 간단하고 단순한 원칙이기 때문이다. 또 다른 예로,

모둠 수업에서 서로 마음이 맞지 않아 입을 다물고 있거나 각자 떠들어서 모둠의 성과를 만들지 못하는 경우가 있었다. 그 둘을 불러서 모둠 작업에 신경 쓰고 서로 조심하면 좋은 결과를 만들 수 있다고 설득했다. 아이들은 자신의 자존심을 지키려고 하기보다 공동의 목표 달성 그리고 협력의 가치에 동의했고 다음 시간부터는 싸우지 않고 열심히 했다.

우리는 가끔 감정이 상했을 때 서로를 비난하기 바빠서 안에 어떤 욕구가 있는지 잊곤 한다. 그러나 충족되지 못한 욕구는 서로 연결되는 통로와 같아서 갈등으로 인해 잠긴 마음의 문을 여는 열쇠가 될 수 있다. 비록 서로 다른 욕구가 있더라도 공동의 욕구를 향해 마음을 맞출 수 있는 것이다.

마지막으로 욕구를 환영한다는 말의 의미는 욕구의 충족이라는 관점에서만 보는 것은 아니다. 그것은 좌절도 함께 포함하고 있다. 하지만 여기서 좌절은 희생이 아니라 타인과의 상호작용 속에서 더 큰 세상을 만나고 그 속에 포함되는 의미로 봐야 한다. 자신의 욕구가 충족되거나 좌절되는 개인적인 문제로 바라보지 않고, 너와 나보다 더 큰 세상이라는 관점이 필요한 것이다. 삶은 나만의 삶이 아니며 인류가 함께 살아가는 공동의 것임을 깨달아야 한다. 그리고 그러한 삶에서 욕구는 한 개인으로 사는 삶뿐만 아니라 우리 모두의 삶이 서로 연결되어 있으며 존중하고 배려할 때 충족될 가능성이 커짐을 알려준다.

앞에서 예로 든 통계 자료 제출에 관련한 사건을 살펴보자. 이 사건을 함께 공존하며 사는 세상의 관점으로 바라보면 이렇다. 비록 행정 처리가 늦어지더라도 그것이 자신과 타인이 함께 사는 세상을 만드는 데 크게 지장을 주는 게 아니라면 그런 것을 큰일로 여기지 않는 것이다. 그렇다고 마감 시한을 항상 넘겨도 된다는 것은 아니다. 그것을 별거 아닌 것으로 생각하는 데도 한계가 있다. 학교나 교육청에서 누군가는 그런 일로 인해 조급해하고 신경을 계속 쓰기 때문이다. 그것이 교육과는 상관이 없기 때문에 그렇게 신경 쓰면 안 된다는 식으로 말하는 건 자기중심적인 발상에 불과할 수 있다. 일반직들은 그런 게 중요하기 때문이다. 다만 그런 행정처리와 같은 구체적인 일 속에서 그 일의 맥락에 갇혀 좌절과 분노, 비난으로 우리 삶을 채우는 것은 낭비가 된다는 뜻이다. 늦게 내는 사람이 많으면 담당자로서 답답할 수 있다. 그렇지만 애들과 끊임없이 상담 및 지도하는 일에 에너지를 쏟아야 하는 교사의 직무를 감안할 때 통계 자료 제출은 그보다는 사소한 일이 될 수 있음을 인식해야 한다. 또한, 그런 일로 얼굴 붉히고 다시 그런 늦은 제출이 생기지 않도록 엄포를 놓는 방식으로는 타인과 상호작용을 할 수 없으며 결국 자존심 대결로 갈 수밖에 없음을 알고, 더 큰 세상으로 나아가려면 욕구 좌절을 이기고 지는 싸움의 장으로 끌고 가고 싶은 마음을 포기해야 한다.

Chapter
04

욕구 떠나보내기

흔히 기대가 크면 실망도 크다고 기대하지 말라고 충고한다. 실망이 뭐라고 기대까지 버려야 하나 싶지만 실망은 고통으로 연결되는 경우가 종종 생긴다. 이런 경우를 생각해보자.

■ 좀 친하다고 생각하고 잘 대해주던 학생이 선생님에게 자기 점수가 낮다며 항의한다. 그러면서 선생님 잘못이라며 강조해서 말한다.

■ 성실하고 학습 태도가 좋은 학생이 한 친구를 왕따시키는데 가담했다. 이유를 들어보니 그 애는 평소에 이기적이라 그

래도 싸다고 한다.

■ 학교에서 옆자리에 앉아서 이런저런 얘기를 많이 나누던 동료 교사가 나를 뒷말했다고 다른 선생님이 알려줬다.

■ 생일날 그 누구도 알아주지 않고 하루를 보냈다.

뭐, 실망할 일이 한두 번인가? 그런 일은 일어날 수 있으니 쿨하게 넘어갈 수 있다고 말은 해도 속은 그렇지 못하다. 겉은 꾸밀 수 있어도 속까지 꾸미는 건 진짜 어렵기 때문이다. 그래서 어차피 실망할 일은 많으니 그때마다 마음 아파하지 말고 처음부터 기대 같은 건 하지 말라고 하는 사람도 많다. 하지만 누구에게도 기대하지 않는 삶은 건강한 것인가? 아무에게도 기대하지 않는다면 아무하고도 깊은 관계를 맺지 않겠다는 말과 다름없다. 관계 안에서는 기대하게 되는 건 너무도 자연스럽다. 위의 예들을 당사자 입장에서 살펴보자. 평소에 잘 대해주었는데 자기 점수가 잘 나오지 않았다고 마치 교사가 잘못한 것처럼 항의하는 건 교사를 얕잡아본 것이나 진배없다. 잘 대해줬더니 기어올라? 이런 생각이 든다. 착실하게 생활하던 아이니까 다른 애들과는 다르게 왕따 당할 아이를 품을 거라고 기대하는 건 지나친 건가? 그리고 그 누구도 친한 사람의 뒷이야기에 오를 거라고 기대하진 않는다.

우리는 맥락 안에서 산다. 그 맥락은 우리가 예상할 수 있는 사건들의 흐름이다. 거기서 기대는 자연스럽다. 어제 누군가에게 잘해줬으면 오늘은 그 사람이 나를 도와주기를 바라게 된다. 나를 도와준 사람을 만나면 감사한 마음에 친절해지는 건 인지상정이다. 만약 관계가 거의 없는 사람이 도와준다고 하면 의심의 눈초리로 바라보게 되고 혹여나 적대적인 사람을 만나면 마음이 날카로워진다. 하지만 어제의 동지가 오늘의 적이 되는 건 전쟁터에서나 가능한 일이지 일상생활에서 그런 일이 생기리라고는 그 누구도 예상하지 못한다. 그런데 가끔 이 기대와 예상이 어긋난다. 부탁했는데 거절당하는 경우가 있다. 평소에 자주 부탁하는 것도 아닌데 말이다. 그러면 서운하다. 내가 보기엔 별거 아닌데, 그걸 거절하다니 나를 싫어하나? 내가 뭘 잘못했나? 누군가 나에 대해 안 좋은 말을 해서 그걸 듣고 편견이 생겼나? 별생각이 다 든다. 속으로는 '이제 부탁을 하기가 어렵겠다.', '나도 그 사람이 부탁하면 거절해줘야지.' 이런 생각들도 떠오른다.

이렇게 보면 인간관계란 참 복잡하고 미묘하며 어렵다. 내가 싫을 때 싫다고 얘기하고 싶은데 그럴 수 없고 상대방의 눈치를 살펴야 한다. 하지만 이렇게 눈치 보는 관계는 좋은 관계로 진행되지 않는다. 속으로 그 사람을 신뢰하지 않기 때문이다. 이런 식으로 관계를 맺는다면 그 누구도 믿지 않게 된다.

기대와 실망은 자연스러운 삶의 부분이다. 상처가 두려워서 기대하지 않는다는 건 삶의 한 부분을 떼어버리는 것과 같다. 두려워서 자기방어에만 골몰하다 보면 삶에서 필요한 용기를 잃어버리고 만다. 거절당할 것 같아 부탁을 못 하는 것도, 거절하면 상처받거나 나를 싫어할까 봐 내키지 않지만 수용하는 것도. 모두 관계를 성장시키고 삶의 풍요로움을 맛볼 수 있는 용기를 갖지 못했기 때문이다. 부탁은 모두 들어줘야 하고 그렇지 않으면 거절하는 것으로 생각하는 사람은 겉으로는 상대방에게 친절을 베푸는 것처럼 보이지만 사실 그 마음에는 진정한 사랑은 없고 다만 두려움이 가득할 뿐이다. 주변 사람도 그런 사람을 좋아할 수는 있지만 마음을 터놓는 사이로 생각하진 않는다. 믿고 신뢰할 수 있는 사람이라고 여기지 않기 때문이다. 부탁이 있으면 거절도 있어야 좋은 관계가 된다. 감정이 상할 수도 있지만 그걸로 상대방이나 자신을 비난한다면 그것이야말로 관계를 파괴하는 원인이다. 우리는 부탁과 거절을 통해 존중을 배우고 믿음을 배울 수 있다.

부탁과 거절은 욕구의 표현 방식일 뿐이다. 하지만 거절은 욕구의 좌절을 어떻게 다루어야 하는 문제를 안겨준다. 거절이 필요하다는 것은 알겠지만 정작 거절을 당하면 당황스럽거나 속에서 생기는 여러 감정이 있어 마음이 어려워지는 건 어쩔 수 없다. 이렇게 속은 불편하고 어려운데 해야 한다는 윤리의식으로 자신을 강압할 때 그건 하나의 당위가 되고 몸과 마음이 따로 노는 분리 현상이 생길 수 있다. 이를 통합하기 위해서는 속을 좀 더 자세히 들여다봐야 한다. 속에서 일어나는 감정과 생각들이 비윤리적이라고 생각하더라도 말이다.

'감정에 붙은 생각 분리하기'에서 우리는 감정에 여러 생각이 붙으면서 다양한 감정들로 촉발되는 것을 봤고 '1차 감정과 2차 감정 분리하기'에서는 1차적 감정과 생각이 유도하는 2차적 감정을 구분했다. 이것을 거절에 대입해보자. 일단 거절을 당하면 슬프다. 모든 욕구가 좌절될 경우 1차적 감정은 슬픔이라고 할 수 있다. 슬픔은 상실감이다. 잃어버린 것에 대한 애달픔이고 그리움이다. 그 슬픔이 고통으로 다가올 때 생각이 촉발되며 다양한 감정으로 퍼져간다. 감정과 생각의 연결이 패턴으로 굳어지면 생각을 알아차리지 못하게 되고 마치 매우 자연스러워 당연한 것처럼 받아들이게 된다. 거절당한 후에 슬픔은 잠시, 그 후에는 혼란, 자책, 원망, 분노, 수치 등의 감정이 찾아온다. 그런 감정은 마음을 크게 뒤흔들어 부정적인 흐름으로 빠르게 나아가고 그것이 마음에 남아 두려움을 촉발한다. 예를 하나 들어보자.

교사: 이거 잠깐만 들고 교무실까지 가 줄래?

학생: 네? 이거 하면 뭘 주실 거예요?

교사: 뭘 줘야지 도와줄 거야?

학생: 아무것도 안 주실 거예요? 저도 바쁜데…

■ 도와달라는 내 부탁이 거절당했어. (슬픔)

→ 너무 계산적이지 않아? 요즘 애들은 계산부터 하는구나.
　(실망)

→ 확실히 이기적이야. 그냥 도와주면 덧나나? (짜증)

→ 교사의 권위가 땅에 떨어졌어. 난 존경받지 못하나 봐. (자책, 자기 연민)

→ 그 녀석은 공부만 잘하면 뭐하니? 인성이 틀렸는데. (분노, 비난)

→ 앞으론 어떻게든 내가 다 해야지. 애들한테 도와달라고 하면 안 되겠어. (상처받음)

거절당한 자극은 내적으로 슬픔의 감정을 일으키지만 거기에 여러 생각들이 붙으면서 다양한 감정으로 퍼져 나간다. 이 중에서 마지막에 나열한 상처받음은 자신을 타인으로부터 분리하는 좋지 않은 반응이다. 겉으로는 앞으로 상처를 받지 않아도 되는 하나의 대안으로 보이지만 사실 두려움에 지배되는 선택에 불과하다. 상대의 거절이라는 자극과 자신의 분리라는 반응은 결과적으로 자신이 상처받았다는 생각으로 결합되면서 하나의 패턴을 만든다. 이 패턴은 앞으로도 거절당할만한 모든 상황에서 발생한다. 거절당하고 관계를 분리하고 마음은 상처를 입는 순환구조가 형성된다.

이런 상황도 있다. 한 번쯤은 그런 경험을 해봤을 것이다. 부탁을 거절하면 상처받을 것 같아서 내키지 않지만 부탁을 허용한다. 하지만 금방 이행하지는 않는다. 그리 내키지 않기 때문이다. 그 와중에 부탁한 사람이 이행 여부를 확인하면서 더 큰 상처를 받는다. 해줄 것도 아니면서 왜 들어준다고 했냐면서 비난한다. 차라리 처음부터 거절이라도 했다면 기대하진 않았을 텐데 하면서. 이런 상황에서는 거절 못 한 자신이 밉고, 부탁을 이행하지 않았다고 비난하는 상대방도 밉고, 총체적인 상황 자체가 밉다.

상처를 받든, 상처를 주든 마음의 상처는 욕구의 좌절로 시작한다. 욕구가 좌절되면서 기대심리가 깨지고 그것이 슬픔으로 시작했다가 실망, 분노, 비난, 자책 등으로 이어진다. 이러한 순환은 매우 빨라 거의 무의식적으로 이루어지고 우리는 그 과정을 알아차리지 못한 채 결과로 나타나는 마음의 상처에 주목하게 된다. 하지만 알고 보면 그 과정에서 우리의 온갖 생각들이 개입하는 바람에 우리가 그것을 상처로 인식하는 것이지 만일 그러한 생각을 막을 수 있다면 욕구의 좌절을 굳이 상처로 결론짓지는 않을 것이다.

욕구가 좌절되었을 때 생각의 개입을 막는 여러 방법 중 가장 근본적인 방법은 슬픔을 온전히 느끼는 것이며 슬픔에 머무르는 것이다. 우리는 그렇게 하지 않으면 1차적 감정인 슬픔에서 곧바로 2차적 감정으로 넘어가기 때문에 온갖 부정적인 감정의 찌꺼기들이 우리 안에 덕지덕지 붙어버린다. 마음에 흡착된 찌꺼기들은 언제고 다시 자신과 비슷한 찌꺼기들과 합쳐서 더 커지고 더 강해진다. 그런 찌꺼기들을 양산할수록 처리하기 어려워진다.

슬픔에 머문다는 것은 어떤 의미인가? 뭔가를 잃어버렸을 때를 생각해보자. 어릴 적 소중히 여기는 물건을 분실한 경험이 있을 것이다. 아무리 찾아도 나오지 않을 때 우리는 상실감에 울어버린다. 마치 자신의 일부분처럼 생각한 것을 떠나보내야 하는 건 쉬운 일이 아니다. 친한 친구가 갑자기 전학을 가게 되었을 때, 잘 놀던 애완동물이 갑자기 죽게 되었을 때, 새로 산 신발을 누군가 가져갔을 때. 상실감은 뜻하지 않게 찾아와서 우리 삶을 흔들어댄다. 아무리 슬퍼해도 그것은 다시 돌아오지 않는다는 것을 깨달을 때 비로소 우리는 포기를 배운다. 아무리 잡으려 해도 잡히지 않을 때 그것을 온전히 놓아야 함을 알게 된다. 그렇게 움켜잡으려는 노력을 그만두고 놓을 때 우리는 슬픔에 온전히 머물 수 있다. 그렇게 한다고 꼭 우울증에 걸리는 건 아니다. 우울증은 자신의 존재에 대한 희망을 잃어버린 상태로, 슬픔의 감정이 주된 것은 아니다.

슬픔에 머무름은 잃어버림의 상태를 공포스럽다고 여기지 않고 상실감이 상처를 준다는 생각의 순환을 거부하는 것이다. 쉽게 말해 슬픔에 머문다는 의미는 떠나보낼 수 있도록 마음의 준비를 하는 것, 다른 말로 하면 움켜쥔 것을 놓아주는 행위의 과정이다. 이 놓아줌을 하지 못해서 분노하고 비난하고 자책하면서 상처를 입는다.

위에서 든 예로 설명해보자. 수업을 마치고 들고 갈 것이 많은 선생님이 한 학생에게 교무실까지 들어달라고 부탁하지만 그 학생은 대가가 없다면 할 수 없다며 거절한다. 이 경우에 슬픔에 머무른다는 것은 어떤 의미일까? 수업에 가져온 물건을 도로 가져가는 것은 별로 어려운 일이 아닌데도 부탁하는 것을 보면 수업이 그리 호락호락하진 않았던 모양이다. 도움이 필요하다 생각해서 평소 수업을 잘 듣는 착실한 학생에게 부탁했는지 모르겠다. 그 아이라면 자신의 힘든 상태를 눈치채고 부탁을 들어주리라 생각했을 것이다. 그런데 의외의 상황을 만났다. 대가를 바라고 그게 없자 바쁘다고 가버렸다. 아니, 친구가 부탁해도 들어줄 것 같은데, 선생님의 부탁을 저렇게 가볍게 취급해버리다니.

자, 이 상황에서 일단은 슬픔에 머물러야 한다. 그러기 위해서 마음의 상태를 꼼꼼하게 살펴보자. 수업이 끝난 후 몸과 마음이 지쳐 있다. 그런 상태에서는 가져갈 물건들이 부담으로 다가온다. 그나마 착실한 학생이라 생각해서 부탁했는데 대가를 요구하더니 거절한다. 아, 지친 내 상태를 알아주지 않는구나. 수업을 같이 했는데도 수업을 하는 내 마음을 모르는구나. 나 혼자서 마무리를 다 하고 이 물건들을 갖고 교무실로 가야 하는구나. 슬프고 외롭다.

이 상황에서 상실된 것은 자신의 부탁에 대한 응답이다. 다른 말로 하면 자신의 마음을 받아주는 상대방이 없다는 것이다. 그 상대방이 부탁을 거절한 학생이라고 말할 수도 있다. 그 학생에게 비난을 돌리기는 쉽지만 그 학생과 사전에 약속한 것이 아니라서 그 학생을 비난하긴 어렵다. 사실 그 누구도 비난할 수 없다. 단지 교사가 한 부탁이 좌절되었을 뿐이고 지친 상태에서 무거운 짐을 들고 가야 하는 상황이 연출되었을 뿐이다. 아무도 자신의 상태를 읽어주거나 부탁에 공감해주는 사람이 없다는 사실 자체가 상실감의 근원이다. 교사가 할 수 있는 것은 상실감에 머물러서 슬픔을 느끼는 것이다. 누구를 벌주고 싶거나 그런 상황에 대해 누구라도 비난해서 자신의 약한 처지를 상쇄하고 싶은 강한 충동에는 굴복하지 말아야 한다. '감히 교사를 무시해? 너희들이 그러고도 학생이야?' 무시당한 기분에 욱하고 치밀어 오르는 분노나 자신의 처지를 한탄하며 교사로 살아가는 삶을 힘들다 못해 무의미하게까지 생각하는 등의 부정적인 고리에 걸리는 것을 조심해야 한다. '두고 봐!' 하는 순간 손에 움켜쥐려는 강한 통제를 해서라도 자신 밑에 굴복하기를 꿈꾸게 된다. 그것은 결코 좋은 대안이 될 수 없다. 다만 그 누구도 도와주지 않음을 슬퍼하고 다들 자신의 일에 바빠 혼자서 감당해야 할 짐의 무게가 갑자기 무거워졌음에 대해 안타까운 마음에 머물러야 한다.

머무름은 그 순간 아무것도 하지 말아야 한다는 것이 아니다. 그런 상황을 쉽게 잊지 말고 슬픔을 잡아내야 한다. 정신없이 흘러가는 학교생활에서 한 감정에 머물러서 온전히 느끼는 것은 너무도 어려운 일이다. 어쩔 수 없이 흘러가듯 하루가 지나가도 순간순간 그 순간을 기억하고 상실과 거절에 대한 슬픔을 떠올려보라. 슬픔에 빠질 필요는 없다. 단지 머무르기만 하면 된다.

자신의 상실감에 대해 연민을 품으면 된다. 그것으로 족하다.

연민을 품게 되면 그것은 인류애로 연결된다. 인류애라는 단어가 좀 거창해서 그렇지 누구나 힘들고 어려운 상황에 놓여 있다는 사실을 이해한다면 그리 거리감이 느껴지는 단어는 아니다. 특히 학교에서는 감정적으로 억눌려 있고 강요가 주를 이루며 성공과 실패로 정체성을 형성하고 결과적으로 자신을 온전히 대하는 사람이 거의 없다는 현실을 생각한다면 연민은 누구에게로든 뻗어나갈 수 있다.

수업 시간에 잘 되지 않음에 대한 좌절이 지속되면 분노가 쌓이고 이것은 어느 때건 폭발하고 만다. 분노를 잘 조절한다고 해도 특정 학생의 반복적인 거슬리는 행동은 분명 분노로 이어진다. 내 경우에는 그 자리에서 혼내는 경우보다는 교무실로 부르는 경우가 많다. 그 자리에서 혼내다가는 내 감정적 에너지가 폭주해서 과도해질 때가 많기 때문이다. 교무실로 부르면 일단 시간이 생긴다. 내가 성찰할 시간, 적어도 그 상황에 대해 생각해볼 시간이 생긴다. 그렇게 교무실에서 얘기하다 보면 어느새 수업이 잘 안 되는 상황에 초점을 두게 되고 나와 그 학생의 갈등이 수업에 도움이 되지 않으며 함께 공부를 잘해보자는 결론으로 이어진다. 그렇게 상생의 결말로 가게 되는 배경에는 연민이 있다. 나의 좌절과 그 학생의 좌절이 비록 같은 시공간에서 서로 다르지만 – 나는 수업이 잘 안 되고 자꾸 방해받는다는 것이고, 그 학생은 자기만 떠든 건 아니고 좀 지루해서 잡담을 한 건데 너무 크게 혼난다는 것 – 좌절은 같다는 연결점이 있다. 그렇다면 나의 좌절에 대한 슬픔과 연민을 그 학생에게 투사해볼 수 있다.

'너도 자신을 인정하지 않고 알아주지 않음에 대한 슬픔이 있을 것이다. 그런데 교사가 그런 마음을 혼내는 식으로 처리하니 화가 나고 반항적으로 나왔을 것이다. 그래, 그렇다면 너도 힘들고 나도 힘든데 서로를 힘들게 하지 말고 네가 할 수 있는 수준에서 열심히 하고 나도 너를 너무 강압적으로 대하지 않도록 노력해보자.'

욕구의 좌절을 슬픔으로 인식하고 거기에 머물러서 연민을 끌어낸다면 상대의 좌절도 알아차릴 수 있고 이해할 수 있으며 함께 연민의 공통된 감정으로 나아갈 수 있다. 그런 상태가 되면 부정적 감정의 에너지는 누그러지고 긴장과 불안의 상태에서 평화로운 상태로 전환할 수 있다. 비록 서로의 욕구는 충분히 충족되지 않을 수는 있어도 그걸로 인해 서로를 비난하고 적대적으로 바라보는 관계로 치닫지 않아도 된다. 오히려 그런 갈등을 겪다가 해결하는 경험을 통해 인격적인 성숙을 이루어낼 수 있다.

감사하기

'감사'를 생각할 때 우리는 흔히 상대적인 감사를 떠올린다. 남보다 뛰어난 점, 남들은 갖지 못한 점, 남이 당한 불행을 당하지 않은 점. 게다가 그렇게 되거나 되지 않기를 간절히 바라기도 한다. 이러한 상대적인 감사는 자신이 타인보다 우월한 위치에 있기를 바라는 마음을 드러낼 뿐이다. 하지만 우월감은 그 존재 자체가 불안하다. 절대적인 우월은 없기 때문이다. 항상 비교를 통해 나타나는 느낌이기에 우월감은 열등감을 동반한다. 어느 순간 우월감을 가졌다가 열등감으로 바뀐다. 그래서 어제는 우월감으로 감사를 했다면 오늘은 열등감에 불만으로 나타날 수 있다. 다친 친구를 보며 안 다친 것에 감사했는데, 갑자기 사고가 나서 다쳤다면 그 감사는 원망으로 바뀔 수 있다. 어떤 사람은 모든 것을 운으로 돌려 운수가 좋으면 항상 불운이 찾아온다고 믿기에 아예 감사를 불운을 부르는 것으로 간주하기도 한다. 섣부르게 감사했다가 바로 좋지 않은 일을 당할 수 있다는 논리에서이다.

감사의 또 다른 면은 현실을 수긍하고 비판을 금기시한다는 점이다. 비판은 불만으로 비치고 감사의 반대말로 여긴다. 그래서 불평하지 말고 감사하라고 압박을 한다. 그것은 현실을 그대로 받아들이고 거기에 대해 아무런 비판도 하지 말라는 말과 같다. 하지만 그런 식으로는 권력을 향한 비판에 재갈 물리기밖에 되지 않으며 자연스럽게 권력은 부패한다. 비판을 통해 견제를 받지 않는 힘은 곧 위해를 행사하게 되고 억압받는 사람들에게 때때로 베푸는 자비에 감사하라고 말하게 된다.

감사를 비판의 반대말로 보는 시각은 거짓을 서슴지 않는 부패한 권력을 정당화해줄 수 있다. 거짓을 드러내는 정의보다 권력을 비판하는 것이 더 꺼려지고, 불만을 자꾸 품으면 자신의 행복한 삶을 망친다는 편협한 안목이 자리를 잡는다. 하지만 그것은 합리적인 비판 능력을 제거하고 권력의 폭력을 자연스럽게 받아들이는 삶을 형성하게 만든다. 그러는 동안 자연스럽게 권력에 가까워져서 권력과 한편이 되는 것을 출세로 여기게 되는데, 여기에서 감사는 권력을 옹호하고 비판자들을 탄압하는 도구로 사용될 수 있다.

하지만 감사를 부정적인 측면에서만 바라보는 것에 대한 반대도 있을 것이다. 감사는 긍정을 불러내고 긍정은 결국 삶을 살아가는 에너지를 낸다는 측면도 있다. 안 그래도 힘든 삶인데 긍정 에너지를 만드는 것은 정말로 필요하다는 말에 동의한다. 하지만 여기서 말하는 감사는 단순하게 긍정과 부정으로 이분되는 것에 국한되지 않는다. 그보다 훨씬 깊고 큰 감사를 말하고자 한다. 그래서 감사를 떠올릴 때 흔히 생각하는 감사를 비판적으로 바라본 것이다.

여기서 말하고자 하는 감사는 삶을 온전히 바라볼 수 있는 자세, 즉 삶을 부분적이고 파편적으로 바라보기를 거부하고 삶의 전체성을 수용하는 자세이다. 이것은 삶을 단지 이익과 손해로 바라보는 자세에서 벗어나는 것을 뜻한다. 이익이 되면 감사하고 손해가 되면 불평하는 것은 자연스러운 일이지만 그런 세계관에서는 삶을 깊게 바라볼 수 없다. 이익이라는 조건을 걸고 상황을 바라보는 것은 삶을 단편적이고 부분적으로만 바라보는 좁은 시야이며 언제고 뒤바뀔 수 있는 삶을 자기 편리대로 해석해서 좋으면 감사, 나쁘면 원망의 이분법적 자세로 대하기 때문이다. 반면에 삶을 온전히 바라보는 감사는 일희일비하지 않는다. 그 어떤 것이든 삶을 풍요롭게 만드는 재료가 될 수 있음을 믿는다. 지금 주어지는 고통과 아픔은 나의 삶을 성장시키고 넓고 깊은 시야를 열어줄 것으로 받아들이기에 감사할 수 있다. 자신의 이해를 넘어선다고 할지라도 그런 삶에 대해 분노와 원망으로 일관하지 않는다.

새옹지마라는 고사성어가 있다. 인생의 행복이나 불행은 예측하기 어렵다는 뜻이다. 이야기는 이렇다. 북방 국경 근방에 한 늙은이가 살고 있었는데 하루는 그가 기르는 말이 이유도 없이 도망쳐 오랑캐들이 사는 국경 너머로 가버렸다. 마을 사람들이 위로하자 늙은이는 "이것이 또 무슨 복이 될지 어떻게 알겠소." 하고 낙심하지 않았다. 몇 달 후 뜻밖에도 도망갔던 말이 오랑캐의 좋은 말을 한 필 끌고 돌아오자 마을 사람들은 이를 축하해주었다. 그러자 그는 "그것이 또 무슨 화가 되는지 어찌 알겠소." 하고 기뻐하지 않았다. 그런데 집에 좋은 말이 생기자 전부터 말타기를 좋아하던 그의 아들이 그 말을 타고 달리다가 말에서 떨어져 다리가 부러졌다. 마을 사람들이 아들이 절름발이가 된 데 대하여 위로하자 늙은이는 "그것이 혹시 복이 되는지 누가 알겠소." 하고 태연한 표정이었다. 1년이 지난 후

오랑캐들이 쳐들어왔다. 젊은이들이 활을 들고 싸움터에 나가 모두 전사하였는데 늙은이의 아들만은 무사할 수 있었다.

핵심은 이 이야기가 해피엔딩으로 끝난다는 것이 아니다. 삶에는 복과 화가 있는데 그런 것에 너무 연연하지 않고 마치 물이 흘러가듯 물끄러미 바라보는 자세가 핵심이다. 사실 그 누가 봐도 복과 화는 뚜렷하게 보이지만 그것과 연관된 다음 일을 보면 그게 진짜 복인지 아니면 화인지 쉽게 판단할 수 없다. 그래서 물끄러미 바라보는 것이다.

감사란 이런 것이다. 이득을 눈앞에서 봐야만 기분이 고양되어서 감사한다든지, 아니면 이득이 될 거라고 기대를 하면서 감사한다는 것은 피상적인 감사에 그치고 만다. 진정한 감사는 삶 전부를 수용하는 자세이다. 삶에 무슨 일이 생기든 그것을 통해 삶의 큰 뜻을 배우고 그것에 순종하면서 자신의 존재를 통해 그 뜻이 이루어질 것이라 믿는 태도이다. 이런 태도는 내가 원하는 대로 삶이 진행되지 않음을 이해할 때 생길 수 있다. 갑작스러운 일로 인해 삶이 송두리째 그 속으로 빨려들어갈 때가 있다. 하지만 그 상황에서 원망과 한탄으로 살아가느냐, 아니면 그 위기를 삶의 전환점으로 만들어내느냐는 우리들의 선택이다.

황상기 씨는 자신이 몰던 택시로 딸을 병원으로 데리고 가던 도중에 딸이 숨지는 것을 목격했다. 그의 딸은 삼성 반도체 공장에서 일하다가 백혈병에 걸렸다. 하지만 그는 절망 속에서 주저앉지 않았다. 딸의 죽음을 세상에 알리고 더는 같은 피해자가 나오지 않기를 소망하는 마음으로 '반올림'을 만들었고 삼성이라는 거대 기업과 싸움을 시작했다. 그의 노력의 결실은 최근 들어서야 반도체 근로자의 중증질환에 대한 산재 인정으로 나타났다. 그가 삼성과 싸움을 시작한 지 11년 만의 일이다. 그는 이전에 자신의 삶에서 거대한 기업 삼성과 맞서 싸우는 것을 예상이나 했을까?

2003년 회현역에서 기차를 기다리던 한 여성이 노숙자에게 밀려 선로로 떨어졌고 열차에 치어 숨지는 사고가 발생했다. 그 사고로 그의 남편 윤병소 씨는 스크린도어 설치 운동에 나섰고 지금은 대부분 지하철에 스크린도어가 설치되어 있다. 아내의 죽음과 같은 사고가 재연되지 않기를 바라는 마음이 이루어 낸 성과였다.

좋은교사운동 대표로 교육계에 새로운 변화의 바람을 일으킨 송인수 선생님은 대표의 임기가 끝나고 '사교육걱정없는세상'이라는 단체를 만들었다. 이 나라의 왜곡된 교육 시스템 속에 수없이 희생되는 청소년들과 사교육으로 인해 고통받는 부모를 보며 시작한 운동이었다. 그가 좋은교사운동 대표일 때 읽어주던, 고3 학생들이 자살하기 전 쓴 편지는 지금도 마음에 무거운 짐으로 남아 있다. 그 편지의 눈물이 그의 삶을 움직였고, 2004년부터 16년 동안 거대한 사교육 시장과 싸우면서 사교육 시장의 신화를 드러냈고 부조리한 교육 시스템의 대안을 제시하면서 상당한 영향력을 끼치고 있다.

위에서 든 예들은 모두 자신의 의지와는 상관없이 일어난 사건들로 인해 자신의 삶이 송두리째 바뀌는 변화를 경험한 사람들의 이야기이다. 삶은 이렇게 우리의 의지와는 무관하게 우리를 끌고 갈 때가 있다. 아니, 상당 부분 내가 계획하고 실천하면서 만드는 삶보다는 그냥 일어나는 일들로 인해 바뀌는 삶이 더 많다. 위에서 든 예처럼 큰 사건만 그런 것은 아니다. 학교에 사는 교사의 삶도 마찬가지다. 자신이 맡은 학생들, 그리고 동료 교사와 학부모들은 우리의 의도와 의지 밖에서 만나게 된다. 잘 맞는 사람이 있지만 힘들게 하는 사람도 있다. 맘에 드는 사람들만 만나고 싶지만 그럴 수 없는 상황이 종종 발생하는데 그런 상황이 오히려 우리를 성장시킨다.

욕구를 다루는 데 감사가 필요한 이유는 우리의 욕구를 일시적이며 찰나적인 삶의 단편성에 기대어 생각하기보다 삶의 전체성과 연결하는 데 있다. 삶의 전체성은 지금까지 살펴본 바와 같이 내 의도 밖에서 일어나는 삶에 대한 수용과 그런 상황에서 자신이 어떤 가치를 추구해야 하는지를 결정짓는 자세의 기반이 된다. 삶은 나보다 너보다 심지어 우리보다 더 크며, 과거에 내가 경험한 삶이 전부가 아니듯 앞으로 올 삶도 전부가 아니며, 나는 우주의 일부분이면서 온 우주가 되듯 내 삶도 작고 일부분이지만 동시에 전체성을 갖고 있다. 이렇게 너무나도 심오해서 이해하기 어렵게 느껴지지만, 어느 순간 한 번에 이해가 되는 그런 것이 삶의 전체성이다. 우리가 갖는 욕구도 삶의 전체성이라는 시각에서 바라보면 욕구의 충족이나 좌절은 일순간 지나가는 한 현상일 뿐 중요한 것이 아니며 오히려 욕구 자체가 삶의 목적을 이루는 도구가 된다는 사실을 알 수 있다.

예를 들어, 우리는 타인과 연결되고 싶은 욕구가 있다. 그와 동시에 혼자 있고 싶은 독립의 욕구도 있다. 이 둘은 상충하는 듯하지만 교묘하게 서로를 보충해준다. 내 말과 마음을 이해해주는 사람이 있을 때 너무도 반갑고 고맙지만 들어주다가 자꾸 충고하는 사람에게는 거리감을 두고 싶다. 부모나 선생님에게 의지하고 싶다가도 그들의 잔소리는 또 듣기 싫다. 교장의 권위적인 모습이 싫어 가까이 가지 않고 그가 내리는 결정은 싫어

하면서도 제발 좀 제대로 된 결정을 내리면 좋겠다는 소망을 갖게 되는 것은 교장의 권력이 싫지만 의존하는 모습도 있는 것이다. 이렇게 두 개의 다른 욕구가 상충하면서도 동시에 존재하는 것은 욕구가 삶의 전체성을 반영하는 증거가 된다.

연결되고 싶은 욕구나 혼자 있고 싶은 욕구 둘 중 하나만 충족시키면 삶이 만족스럽게 되는 건 아니다. 독립의 욕구가 충족되었다고 행복한 삶이 지속하리라는 보장도 없다. 또한, 두 욕구 모두를 충족시키는 것이 해결책은 아니다. 그런 것은 너무나도 미묘해서 제대로 분간하기도 어렵다. 따라서 때로는 욕구의 충족이나 좌절이 중요하지 않다. 삶의 전체성이라는 관점에서 바라볼 때, 앞에서 사랑과 두려움의 역설을 살펴본 것처럼, 단순히 어떤 욕구가 충족되고 좌절되었는가에 의한 삶보다 더 큰 삶이 분명 존재한다.

그런 삶을 온전히 인정하고 수용하며 그 안에 머물 수 있게 하는 태도가 감사라고 보면 된다. 따라서 감사를 불평이나 비판의 대척점에 있는 단어로 취급하는 것은 너무 작게 보는 것이다. 삶을 관조할 때, 삶을 물끄러미 바라볼 때, 삶의 희비에 얽매이지 않을 때 우리는 온전히 삶에 대해 감사할 수 있다. 아니, 그런 삶이 있음을 받아들이면서 이익이 되는 것에 대한 감사에 연연하지 않을 때 삶을 바라보는 시야가 커지고 삶의 전체성을 보는 눈이 생기며 그런 삶이 있음과 그 속에 내가 있음을 감사하게 여길 수 있다.